Alexandra Beilharz

„Dein Bruder Ernst aus Amerika“

Von Baiersbronn nach Philadelphia: Briefe eines Auswanderers (1927–1931)

verlag regionalkultur

Impressum

Titel:	„Dein Bruder Ernst aus Amerika“
Untertitel:	Von Baiersbronn nach Philadelphia: Briefe eines Auswanderers (1927–1931)
Autorin:	Alexandra Beilharz
Herstellung:	verlag regionalkultur
Satz:	Jochen Baumgärtner (vr)
Umschlaggestaltung:	Alexandra Beilharz
Lektorat:	Julia Berger (vr)

ISBN 978-3-95505-272-0

Bibliographische Information der Deutschen Bibliothek
Die Deutsche Bibliothek verzeichnet diese Publikation in der Deutschen Nationalbibliographie; detaillierte bibliographische Daten sind im Internet über http://dnb.dnb.de abrufbar.

Diese Publikation ist auf alterungsbeständigem und säurefreiem Papier (TCF nach ISO 9706) gedruckt entsprechend den Frankfurter Forderungen.

verlag regionalkultur
Heidelberg – Ubstadt-Weiher – Stuttgart – Speyer – Basel

Verlag Regionalkultur GmbH & Co. KG:
Bahnhofstraße 2 • D-76698 Ubstadt-Weiher
Telefon 07251 36703-0 • *Fax* 07251 36703-29
E-Mail kontakt@verlag-regionalkultur.de • *Internet* www.verlag-regionalkultur.de

Ich widme dieses Buch

Karl-Ernst Beilharz
(*29.11.1930 in Abington bei Philadelphia)

und dem Andenken meines Vaters

Richard Hans Beilharz
(*30.10.1932 in Bryn Mawr bei Philadelphia, †25.03.1997 in Heidelberg)

Heute will ich dir einmal
ein kleines Etwas schreiben.

Ernst Beilharz mit 21 Jahren
(Philadelphia, 1927)

Inhalt

Vorwort

Im Sommer 1979 lud mein Großvater Ernst Beilharz (1905–1984) seine drei ältesten Enkelinnen zu einer Reise nach Philadelphia ein. Er wollte uns seine „alte Heimat Amerika" zeigen, wohin er 1926 ausgewandert war und wo er zehn Jahre lang gelebt hatte. Er war bei dieser Reise 73 Jahre alt, wir waren vierzehn- bis sechzehnjährige Teenager. Rückblickend muss es für ihn eine Herausforderung gewesen sein, mit drei halbwüchsigen Mädchen durch New York zu spazieren, doch bewältigte er alles gelassen und mit viel Humor, unterstützt von seiner liebenswürdigen und gastfreundlichen Nichte Rosemarie Schlenker. Für uns war der Aufenthalt beeindruckend und spannend: Wir erkundeten Philadelphia und New York, waren in Ocean City, in Washington und Trenton, bei den Niagara Falls und in der Umgebung von Pittsburgh. Dazu gehörten auch, für uns Jugendliche manchmal anstrengende, Besuche bei ehemaligen deutschen Auswanderern, die mittlerweile durch und durch Amerikaner geworden waren. Schon uns Kindern erzählte Ernst Beilharz häufig von Amerika: Wie man dort von einem zum anderen Tag seine Arbeit verlieren konnte, oder dass er, um seine Familie über die Runden zu bringen, eine Zeitlang als Gärtner und Chauffeur arbeiten musste. Leider versäumte ich damals, mehr über seine ersten Eindrücke von dem fremden Land zu erfahren.

Vor einigen Jahren begann ich, Material zu sammeln und Verwandte nach Erinnerungen zu befragen. Vieles erfuhr ich von Karl-Ernst Beilharz, dem ältesten der vier Söhne von Ernst Beilharz; wie mein Vater war auch Karl-Ernst in den USA geboren. Durch die Gespräche mit ihm wurde mir bewusst, dass die Auswanderung von Baiersbronn 1926 ein ungeheures Wagnis war. Aufschlussreiche Quellen waren auch die von Ernst Beilharz 1980 selbst verfasste (Erster Teil) und von seinem Bruder Richard Beilharz 1992 abgeschlossene Familienchronik (Zweiter Teil) sowie Erinnerungen, die Manfred Beilharz, einer der beiden in Deutschland geborenen Söhne, über seinen Vater schriftlich aufgezeichnet hatte. Alles lieferte mir Anhaltspunkte für weitere Recherche, und außerdem konnte ich Fotos, vor allem aus den ersten Jahren nach der Auswanderung, zusammentragen. Diese Fotos und vierzehn Briefe, die Ernst Beilharz seiner Schwester Helene geschrieben hatte, ermöglichten mir, ein Bild seiner ersten in den USA verbrachten Jahre, der Zeit von 1927–1931, zu rekonstruieren.

Der Thematik habe ich mich zunächst von einem familiären Standpunkt, sowie aus Interesse an der Auswandererthematik genähert. Ein über das Persönliche hinausgehendes historisches Interesse ergab sich erst, als ich erkannte, wie viel mein Großvater erlebt hat. Als Kind betrachtete ich ihn mit Respekt, als Jugendliche begann ich, ihn als weitgereisten und aufrechten Mann zu bewundern, dem ich manches zu verdanken habe. In seinem Wohnort Böblingen wie auch in seinem Geburtsort Baiersbronn war er angesehen, beruflich erfolgreich, stets humorvoll und hilfsbereit. Ernst Beilharz war als Familienoberhaupt hochgeachtet – bei seinem Tod hinterließ er vier Söhne, acht Enkelinnen und Enkel, dazu seine in Baiersbronn lebenden drei Geschwister Richard, Helene und Paul (der dritte Bruder, Erich, war 1941 gefallen) mit ebenfalls zahlreicher Nachkommenschaft. Heute hätte er zwölf Enkelinnen und Enkel, achtzehn Urenkelinnen und Urenkel sowie einen Ururenkel. Sie und alle Nachfahren seiner Geschwister treffen sich jedes Jahr zu einem „Beilharz-Treffen" in Baiersbronn.

Ernst ging nicht aus Abenteuerlust in die USA, sondern suchte eine bessere Perspektive, um seinen Lebensunterhalt zu verdienen und die Familie in Baiersbronn finanziell zu unterstützen. Dennoch dürften für einen Zwanzigjährigen die Überfahrt und die Ankunft 1926 in New York ein außergewöhnliches Ereignis gewesen sein. Die Umstände der Auswanderungsbewegung wurden mit zahlreichen Publikationen gut erforscht, Museen und Bildbände illustrieren die Abläufe der Aus- und Einreise, die Überfahrt und die Lebensbedingungen nach der Ankunft. Auch wenn sich manche Erfahrungen gleichen, so sind es oft Einzelschicksale, die fesselnd, bisweilen dramatisch sind. Zwar stellen sie nicht jeden Aspekt in allen Details dar, dafür zeichnen sie Stimmungen nach und werfen Schlaglichter auf Ungewohntes und wenig Beachtetes. Es geht in diesem Buch nicht um Vollständigkeit oder darum, Details mit Angaben aus der Forschungsliteratur zu untermauern. Vielmehr möchte ich die Atmosphäre jener Zeit einfangen, Fragen stellen und zeigen, wie Ernst Beilharz das Amerika der Zwanziger- und beginnenden Dreißigerjahre sah. Was fiel ihm auf, was war für ihn Amerika?

Vermutlich hat er nach der Auswanderung regelmäßig seinen Eltern und Geschwistern geschrieben. Das mir von Karl-Ernst Beilharz anvertraute kleine Konvolut umfasst vierzehn Briefe, die Ernst zwischen 1927 und 1931 an seine sieben Jahre jüngere Schwester Helene geschrieben hat. Die Antworten von Helene Beilharz (später verh. Frey) sind leider nicht erhalten, auch wenn natürlich denkbar ist, dass sie irgendwann auf einem Dachboden aufgefunden werden. Die Briefe geben außergewöhnliche Einblicke und sind in einem besonderen, sehr humorvollen Stil geschrieben. Sie wurden vollständig, unter Beibehaltung der alten Rechtschreibung mit allen Eigentümlichkeiten, transkribiert und mit Kommentaren versehen. Abgesehen davon, dass die Briefe ein schönes Beispiel für geschwisterliche Zuneigung sind, stehen sie exemplarisch für die Eindrücke eines deutschen Auswanderers aus dem ländlichen Raum, für sein Leben im Amerika der ausgehenden Zwanzigerjahre, für den Umgang mit dem Neuen, mit Hoffnungen und Ungewissheit und – vor allem – für Humor und eine gewisse Haltung dem Leben gegenüber.

Baiersbronn, Ober- und Unterdorf (Postkarte vor 1929)

Einführung

Ernst Beilharz wird am 31. Dezember 1905 als ältestes von fünf Kindern in Baiersbronn im Schwarzwald geboren. Er stammt aus einer Handwerkerfamilie, sein Vater Gottlob Ernst Beilharz ist Schlossermeister. Anfangs wohnt die Familie im Oberdorf, zieht aber 1908, nach Erwerb eines Grundstücks, ins Unterdorf und baut ein Haus in der Forbachstraße. Nach der Grundschule besucht Ernst die Oberschule in Freudenstadt, die er mit der Mittleren Reife, dem sogenannten „Einjährigen", abschließt. Anschließend durchläuft er eine dreijährige Ausbildung zum Feinmechaniker an der Schwenninger Fachschule für Feinmechanik und Uhrmacherei. In dieser Zeit wohnt er bei Familie Karl Schweizer und dessen (zweiter) Frau Anna. 1929 heiratet er Emma, die mittlere ihrer drei Töchter.

Familie Beilharz um 1916: Gottlob Ernst Beilharz und Marie Beilharz geb. Finkbeiner mit ihren Kindern (von links nach rechts) Richard, Helene, Ernst und Erich. (Der jüngste Sohn Paul wurde erst 1921 geboren.)

Die Königlich Württembergische Fachschule für Feinmechanik, Elektromechanik und Uhrmacherei (heute: Staatliche Feintechnikschule Schwenningen). Der Altbau wurde am 1. Mai 1900 eingeweiht.

Nach Abschluss seiner Ausbildung arbeitet er bei der Württembergischen Uhrenfabrik in Schwenningen, ab 1925 dann im väterlichen Betrieb in Baiersbronn. Das Geschäft soll weiter ausgebaut werden, dem Vater Ernst Beilharz Senior schwebt eine Familienfirma vor, ein entsprechendes Emblem „EBUS" („Ernst Beilharz und Söhne") hat er bereits entworfen. Die beiden ältesten Söhne sind allerdings mit dieser Situation aus unterschiedlichen Gründen nicht ganz zufrieden, und so kommt das Angebot zur Auswanderung zur rechten Zeit. Richard Beilharz schildert die Situation, in der es zu der Entscheidung kam, welcher der beiden Söhne nach Amerika reisen sollte:

Eines Tages kam Vater in die Werkstatt, wo wir zwei Brüder gerade tätig waren. In der Hand schwenkte er einen Brief, der schon äußerlich nach etwas Besonderem aussah. Er rief in die Werkstatt: „Ernst, Richard, kommt mal herauf in die Stube!" Vater stellte uns wie zwei Angeklagte an die Wand und rief: „Wer von Euch will nach Amerika?" Zuerst bei beiden verblüfftes Staunen. Ich selbst rang mit mir um eine Antwort; wohl hätte ich gewollt, aber ich hatte auch eine gewisse Angst. Nach kurzer Pause sagte Ernst: „Ich will!" (Richard Beilharz, 1992; S. 15)

Der Hintergrund war, dass der ehemalige Baiersbronner Nachbar Karl Walz brieflich von Amerika und den dortigen Verhältnissen berichtet und seine Unterstützung angeboten hatte, falls einer der beiden Schlosser-Buben ebenfalls dorthin kommen wolle.

Glück hatte, wer einen Bürgen in den USA hatte: Verwandte oder Freunde, die gegenüber dem Staat schworen, dass sie im Falle von Arbeitslosigkeit oder Geldnot helfen würden, damit der Einwanderer dem amerikanischen Staat nicht zur Last fallen würde. (Das Buch zum Museum der Aus- und Einwanderung, 2017; S. 26)

Eine Schautafel („Zahlen Deutscher Auswanderer –1932") im Bremerhavener *Museum Auswandererhaus* macht für das Jahr 1926 die Angabe, dass 65.280 Personen Deutschland verlassen haben. Dafür gab es gesellschaftliche und politische Gründe, darunter die Depression nach dem verlorenen Ersten Weltkrieg sowie Inflation und Arbeitslosigkeit. Es liegen keine Informationen vor, wie lange die Vorbereitungen dauerten und worin sie im Einzelnen bestanden, jedenfalls reist Ernst Beilharz am 5. November 1926 von Hamburg mit dem Schiff *Hamburg*

Passagierliste der „Hamburg", Überfahrt vom 5. November 1926 von Hamburg nach New York, über Boulogne s. M. und Southampton

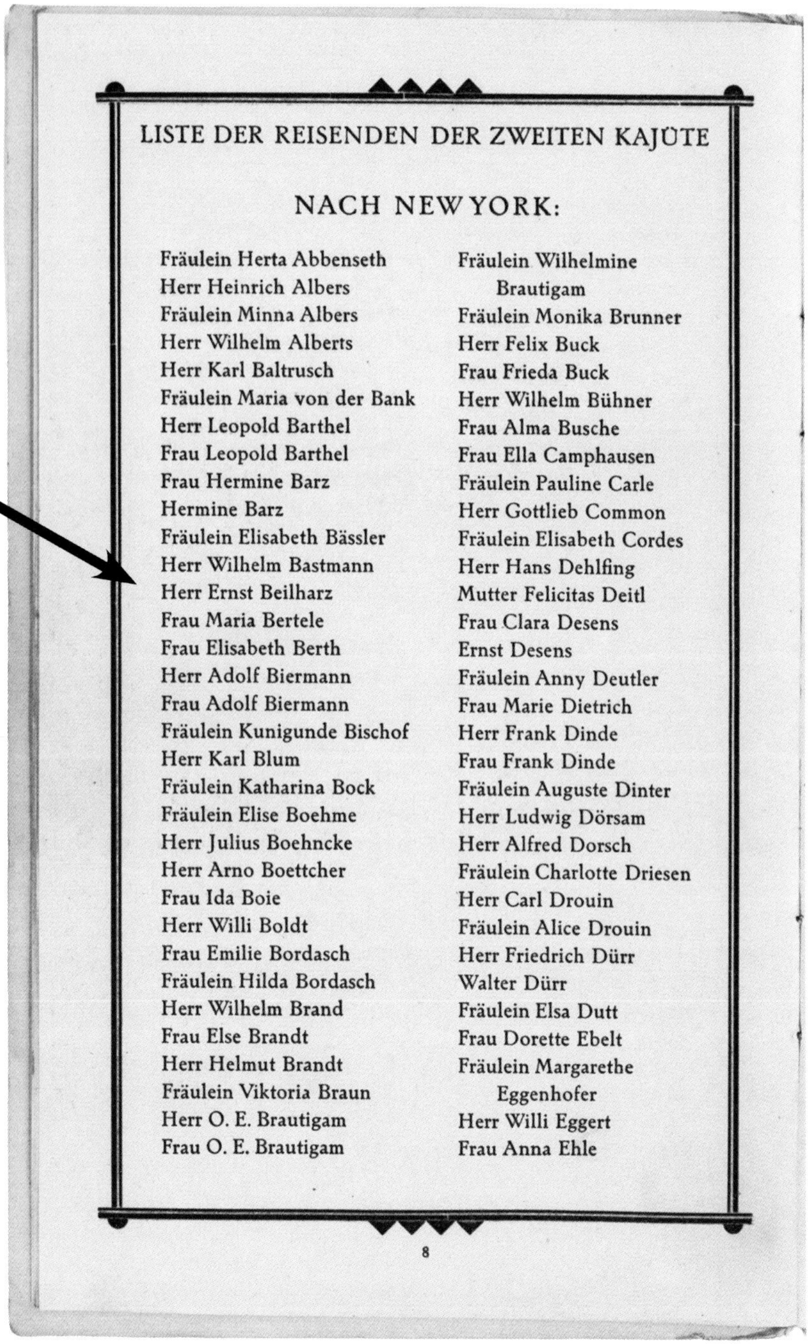
LISTE DER REISENDEN DER ZWEITEN KAJÜTE

NACH NEW YORK:

Fräulein Herta Abbenseth
Herr Heinrich Albers
Fräulein Minna Albers
Herr Wilhelm Alberts
Herr Karl Baltrusch
Fräulein Maria von der Bank
Herr Leopold Barthel
Frau Leopold Barthel
Frau Hermine Barz
Hermine Barz
Fräulein Elisabeth Bässler
Herr Wilhelm Bastmann
Herr Ernst Beilharz
Frau Maria Bertele
Frau Elisabeth Berth
Herr Adolf Biermann
Frau Adolf Biermann
Fräulein Kunigunde Bischof
Herr Karl Blum
Fräulein Katharina Bock
Fräulein Elise Boehme
Herr Julius Boehncke
Herr Arno Boettcher
Frau Ida Boie
Herr Willi Boldt
Frau Emilie Bordasch
Fräulein Hilda Bordasch
Herr Wilhelm Brand
Frau Else Brandt
Herr Helmut Brandt
Fräulein Viktoria Braun
Herr O. E. Brautigam
Frau O. E. Brautigam
Fräulein Wilhelmine Brautigam
Fräulein Monika Brunner
Herr Felix Buck
Frau Frieda Buck
Herr Wilhelm Bühner
Frau Alma Busche
Frau Ella Camphausen
Fräulein Pauline Carle
Herr Gottlieb Common
Fräulein Elisabeth Cordes
Herr Hans Dehlfing
Mutter Felicitas Deitl
Frau Clara Desens
Ernst Desens
Fräulein Anny Deutler
Frau Marie Dietrich
Herr Frank Dinde
Frau Frank Dinde
Fräulein Auguste Dinter
Herr Ludwig Dörsam
Herr Alfred Dorsch
Fräulein Charlotte Driesen
Herr Carl Drouin
Fräulein Alice Drouin
Herr Friedrich Dürr
Walter Dürr
Fräulein Elsa Dutt
Frau Dorette Ebelt
Fräulein Margarethe Eggenhofer
Herr Willi Eggert
Frau Anna Ehle

8

nach New York. Die Überfahrt dauert zehn Tage, die Ankunft ist am 15. November 1926. Die Familie hat sich die Reise des ältesten Sohnes wohl einiges kosten lassen, denn er reiste immerhin Zweite Kajüte (und nicht Dritte Klasse). Die erste Kajüte blieb sehr wohlhabenden oder illustren Persönlichkeiten vorbehalten, so war beispielsweise auch „Se. Exzellenz Theodor Brentano, Amerikanischer Gesandter in Ungarn" an Bord.

Falls er Angst vor dem Ungewissen hat, so ist er jedenfalls nicht allein, denn ein auf der *Hamburg* aufgenommenes Foto zeigt ihn mit weiteren Auswanderern aus Schwenningen, darunter Ewald Schlenker, der Bruder seines späteren Schwagers Bruno. Vermutlich nimmt er das Neue begierig auf und so mischt sich zweifelsohne in den Abschiedsschmerz auch hoffnungsfrohe Aufbruchsstimmung. Als junger Mann mit einer technischen Ausbildung wird ihn das große Schiff interessiert haben, ebenso wie die Wolkenkratzer in New York oder das Autofahren, von dem er schon bald in seinen Briefen begeistert erzählt.

Der Name „Ernst Beilharz" unter den Reisenden der Zweiten Kajüte

Eine Gruppe von Auswanderern auf der *Hamburg* (Nov. 1926). Ernst Beilharz steht links außen; zweiter von rechts Ewald Schlenker aus Schwenningen (Bruder von Bruno Schlenker, dem späteren Ehemann von Alma Schweizer)

Um die Ankunft in New York ranken sich Familienerzählungen, deren Wahrheitsgehalt heute nicht mehr überprüft werden kann. Er soll eine Tanne als Weihnachtsgeschenk dabeigehabt haben, weil seine Eltern fälschlicherweise annahmen, es gebe in Amerika keine so schönen Weihnachtsbäume wie im Schwarzwald. Auch sein Schiffskoffer soll gestohlen worden sein, als er einen Landsmann bat, darauf aufzupassen – eine Geschichte, die stark an Franz Kafkas Roman *Amerika* erinnert.

Als der sechzehnjährige Karl Roßmann [...] in dem schon langsam gewordenen Schiff in den Hafen von New York einfuhr, erblickte er die schon längst beobachtete Statue der Freiheitsgöttin wie in einem plötzlich stärker gewordenen Sonnenlicht. Ihr Arm mit dem Schwert ragte wie neuerdings empor, und um ihre Gestalt wehten die freien Lüfte. (Franz Kafka: *Amerika*. (1927/2018), S. 7.)

Allerdings hatte Ernst nicht das Glück, wie Kafkas Protagonist Karl Roßmann zufällig auf einen wohlhabenden Onkel zu treffen, sondern soll geschlagene 24 Stunden auf Carl Walz gewartet haben, der auch auf der Passagierliste (mit amerikanisch geschriebenem Vornamen) als Bürge eingetragen war. Doch war das wirklich der Nachlässigkeit des Abholers geschuldet? Oder wusste dieser nur nicht, dass Passagiere der Ersten und Zweiten Kajüte, also Personen mit Geld oder Reputation, nicht über Ellis Island einreisten? Sie mussten sich nicht der berüchtigten Begutachtung aussetzen, die im äußersten Fall dazu führte, dass Passagiere wegen mutmaßlicher gesundheitlicher oder psychischer Probleme umgehend zurückgeschickt wurden. Bis 1875 soll die Einreise in die USA weitgehend frei möglich gewesen sein, doch waren die Aufnahmebedingungen mit den Jahren immer strenger geworden.

Nicht alle Einwanderer mussten über Ellis Island einreisen. Wer genügend Geld hatte, um erster oder zweiter Klasse zu reisen, wurde an Bord rasch von einem Arzt und einem Standesbeamten in Augenschein genommen und konnte daraufhin problemlos das Schiff verlassen. Die Bundesregierung war der Ansicht, diese Einwohner hätten die nötigen Mittel, um selbst für ihren Unterhalt aufzukommen, so daß keine Gefahr bestand, sie könnten dem Staat zur Last fallen. Die Einwanderer, die über Ellis einreisen mußten, waren die Passagiere dritter Klasse, jene, die auf dem Zwischendeck fuhren, in Wahrheit aber im Laderaum, unter der Wasserlinie in großen, fensterlosen Schlafsälen, ohne Lüftung und ohne Licht [...]. (Georges Pérec / Robert Bober: *Geschichten von Ellis Island oder wie man Amerikaner macht*, 1997; S. 11).

Carl Walz soll dem Neuankömmling nur für wenige Tage Unterkunft und Unterstützung angeboten haben. Ob das stimmt, oder ob der Zeitraum über die Jahre hinweg nicht erzählend verkürzt wurde, mag dahin gestellt bleiben, immerhin verwendet Ernst Beilharz die Anschrift von Carl Walz (1419, Germantown Street, Philadelphia) auch noch in einem Brief von 1928 als Absenderadresse. Mit einer für damalige Verhältnisse sehr guten Ausbildung und Berufserfahrung hat Ernst ausgezeichnete Voraussetzungen, bald Arbeit zu finden, zumal er wahrscheinlich schon bei der Ankunft etwas Schulenglisch kann – „seit etwa 1880" war in Deutschland „Englisch in den Schulen weitgehend etabliert" (Klippel 1994; S. 16) – und bald fließend Amerikanisch sprach.

Als Ernst 1926 auswandert, ist er zwanzig Jahre alt. Wie viele Auswanderer seiner Zeit möchte er in Amerika eine Existenz aufbauen und zu Wohlstand kommen, Geld nachhause schicken und so die Familie in Baiersbronn unterstützen. Der spätere Entwurf eines Bewerbungsschreibens für die Zulassung zur Meisterprüfung gibt Hinweise auf seine Arbeitsstellen in den USA. Zunächst arbeitet er

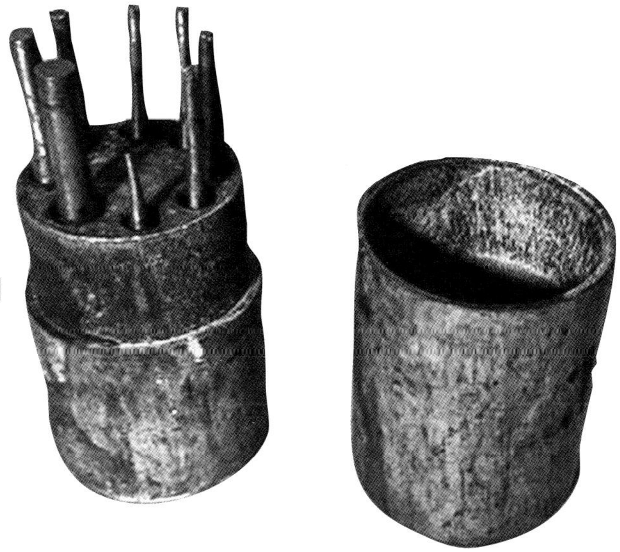

Ernst Beilharz hat sein ganzes Leben lang die amerikanische Werkzeugkiste, seine „Toolbox" aufbewahrt.

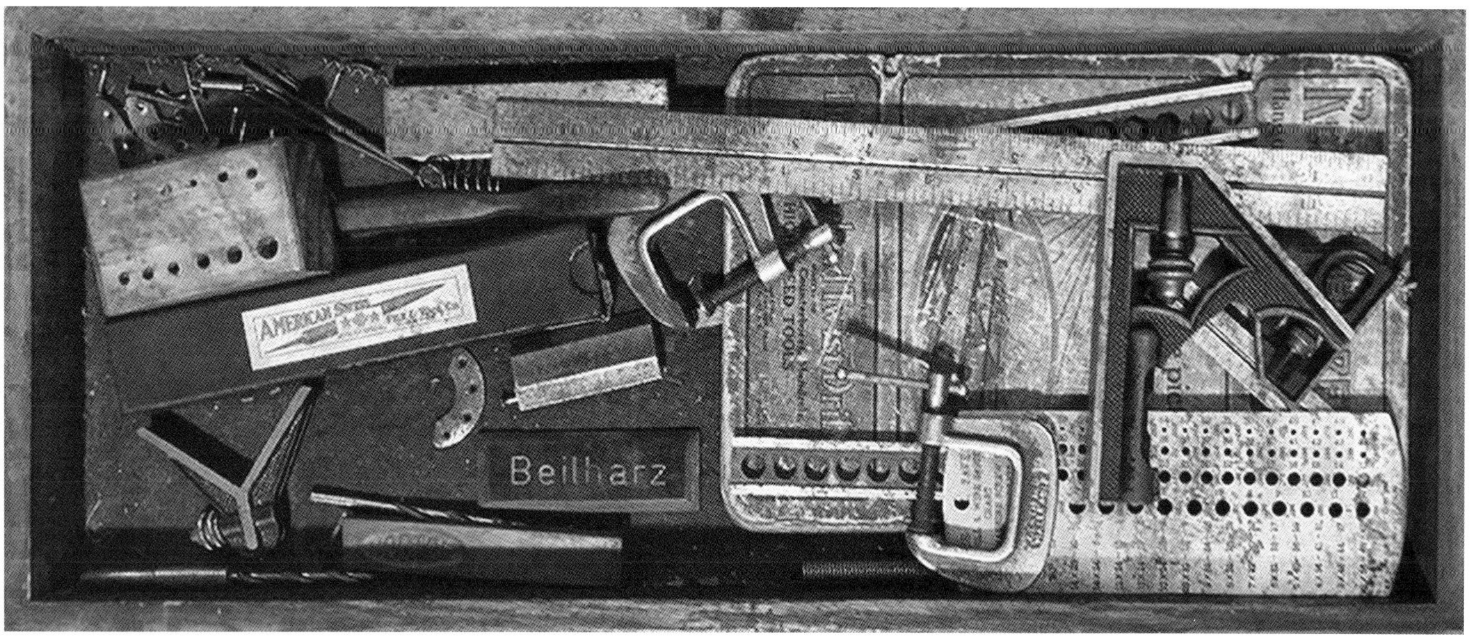

in Philadelphia bei der Firma Edward G. Budd als Vorarbeiter im Vorrichtungsbau. Im Mai 1929 wird ihm in der Versuchsabteilung von Leeds & Northrup, einer Firma, die wärmetechnische Instrumente baut, eine Stelle angeboten, welche er annimmt.

Ende 1929 fährt er zurück in seine Heimat und heiratet am 6. Februar 1930 Emma Schweizer. Schon wenige Tage nach der Hochzeit reist er mit seiner Ehefrau zurück nach Amerika. Die beiden ältesten Söhne Karl-Ernst und Richard werden 1930 und 1932 bei Philadelphia geboren. Ernst Beilharz möchte sich für immer in Amerika niederlassen und wird 1934 amerikanischer Staatsbürger. Dennoch kehrt die Familie, aufgrund der in der Weltwirtschaftskrise drückend gewordenen Lage auf dem amerikanischen Arbeitsmarkt – er soll darunter gelitten haben, als Chauffeur arbeiten zu müssen – und in der Hoffnung, in Deutschland bessere Lebensbedingungen zu finden, 1936 nach Deutschland zurück. In den Briefen lässt sich diese Entwicklung gut nachverfolgen: Nach anfänglicher Zuversicht und dem unverbrüchlichen Optimismus, jung, gesund,

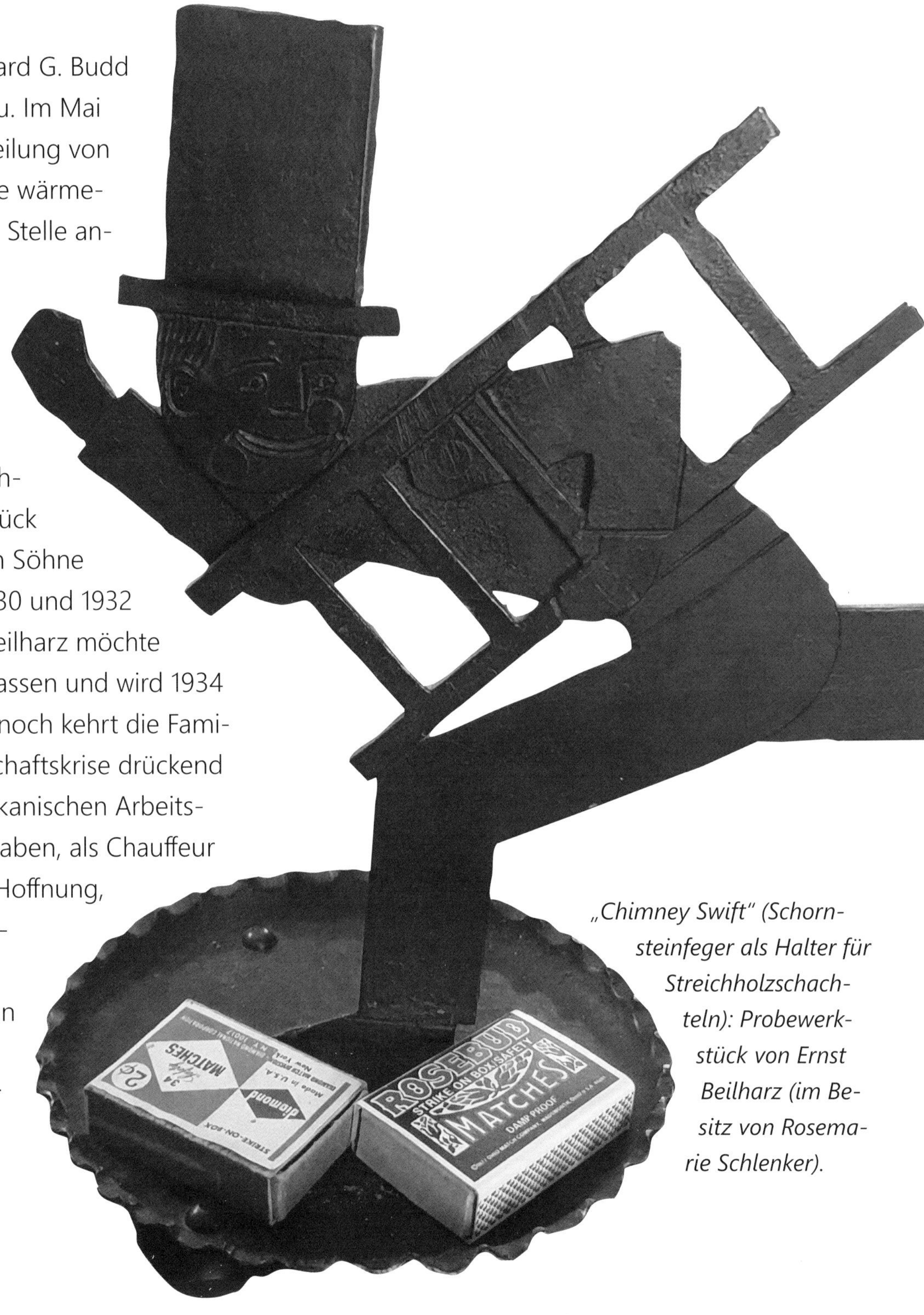

„Chimney Swift" (Schornsteinfeger als Halter für Streichholzschachteln): Probewerkstück von Ernst Beilharz (im Besitz von Rosemarie Schlenker).

mit Arbeit und Humor jede Lebenslage zu bewältigen, klingt plötzlich ein sorgenvoller Ton an und ab 1930 liest man zwischen den Zeilen die Furcht vor Arbeitslosigkeit. Zur Zeit der *Great Depression* wird es schwieriger, Geld zu verdienen und die Familie zu ernähren. Im letzten hier vorliegenden Brief von Dezember 1931 hat Ernst nur noch an zwei Tagen in der Woche Arbeit.

Zurück in Deutschland wohnt die Familie in Baiersbronn, dann in Böblingen. Ernst arbeitet bei der Nähmaschinenfabrik Haid & Neu in Karlsruhe, dann bei der Deutschen Hollerith in Sindelfingen. In den ersten Jahren ist er noch amerikanischer Staatsbürger. Doch wer fünf Jahre lang nicht in den USA lebt, verliert die Staatsbürgerschaft. So ist er zunächst mehrere Jahre lang staatenlos, bis er und die Familie wieder Deutsche werden. Während des Krieges gibt es naturgemäß keinerlei Kontakte zu den Verwandten in den USA. Richard Beilharz schreibt in seinem Bericht hierzu: „Die Verbindung zwischen Emma in Böblingen und der in den USA lebenden Schwester Alma mit Gatten Bruno Schlenker und deren beiden Kindern ruhte nach dem Eintritt der USA in den Krieg völlig. Dies hat Emma und ihre [Stief-]Mutter Anna Schweizer stark belastet" (Richard Beilharz, 1992; S. 28). Im April 1945 wird Ernst Beilharz zum Volkssturm eingezogen und kurz darauf von den Amerikanern gefangengenommen. Er kommt ins Kriegsgefangenen-Durchgangslager PWTE 314 (*Prisoner of War Temporary Enclosure*) bei Neu-Ulm und wird dort wegen seiner hervorragenden amerikanischen Sprachkenntnisse als Dolmetscher in der Entlassungskommission eingesetzt. Nach dem Zweiten Weltkrieg arbeitet er bis zu seiner Pensionierung bei IBM, gehört dem Stadtrat an und engagiert sich für die Städtepartnerschaft Pontoise-Böblingen.

Amerika bleibt er bis zu seinem Tod eng verbunden. Er hat nie vergessen, wie er als junger Mann 1926 ausgewandert war und sein Glück in der Neuen Welt versucht hatte. In den Briefen an seine Schwester bezeichnet er sich selbst ab und zu humorvoll als „Amerikaner" und als „Dein Amerikanerbruder". So schien er bis zu einem gewissen Grad kulturell adaptiert und die Wandlung zum Deutschamerikaner, einem in die USA eingewanderten Bürger Amerikas, vollzogen zu haben. Bewahrt hat er sich bis ins hohe Alter eine außergewöhnliche Weltläufigkeit und Weltoffenheit: Eigenschaften, die er in den ihn prägenden Jahren in Amerika erworben hat. Ernst Beilharz stirbt am 27. Dezember 1984 mit 78 Jahren unerwartet an einem Herzinfarkt während eines Besuchs bei seiner Schwester Helene im gemeinsamen Elternhaus in Baiersbronn.

Die Briefe

Die Protagonisten des Briefwechsels

Ernst Beilharz

(*31.12.1905, †27.12.1984
in Baiersbronn)

Ernst Beilharz in den USA 1928

Helene Beilharz

(*23.10.1912 in Baiersbronn,
†09.05.2003 in Böblingen)

Helene Beilharz (o. J., vermutlich in Baiersbronn, mit dem gemeinsamen Bruder Erich)

1.

„Ich rechne nämlich nur als ganz guter Baiersbronner."

Philadelphia, 24. August 1927.

Meine liebe kleine Schwester Helene!

Heute will ich Dir einmal ein kleines Etwas schicken. Das Stück Papier ist zwar nicht gerade salonfähig, aber da ich beabsichtige 4 od. noch mehr Mücken mit einem Schlag zu fangen, mußt Du damit zufrieden sein. Sicher, deine liebwerten Brüder sollen auch nicht besser bedient werden. Weißt, ich will nämlich Porto sparen. (Ich habe nämlich blos eine Briefmarke augenblicklich im Besitz u. die sollte eine Weile ausreichen.) Dein lieber Brief hat mich sehr gefreut. Vielen, vielen Dank dafür. Liebe Helene, ich kann nicht umhin, Dir ein sehr großes Lob auszusprechen, über Deinen wirklich großartigen Briefstil. Ich muß Deine Schreibkunst heute immer noch bewundern. Aufbau, Einteilung, Satzgefüge sind wirklich für Dein Alter hervorragend. Ich wünsche mir eins, daß Du mir noch ab u. zu einen Brief schreibst, jede Kleinigkeit darfst Du erwähnen, es interessiert mich alles. Ich rechne nämlich nur als ganz guter Baiersbronner. Deinem Briefe entnehme ich mit Freuden, daß es Dir im Geschäft sehr gut gefällt. Sei immer brav u. strebsam, so wirst Du durchs Leben immer Deinen Weg bahnen können. Liebe Helene, ich schreibe Dir in absehbarer Zeit einiges, was dich interessieren wird, für heute will ich kein besonderes Thema anschneiden, da ich bald ins Bett will, u. wenn Du den ganzen Brief betrachtest, sagen mußt, das ist doch genug für so ein arg geplagtes Jüngchen wie ich. Viele Grüße an deine Freundinnen Marie M [...], Anna Züfle usw. Ferner an Paule und Gustav. Ferner an Herrn Otto Wagner und sage ihm, ich werde ihm ausführlich schreiben demnächst. Jedenfalls noch heute abend.

Ich grüße Dich recht herzlich und wünsche, daß es Dir in deiner Stellung gefallen mag

Dein Bruder Ernst

Habe Herrn Otto Wagner noch einen großen Brief geschrieben.

Kommentar zu Brief 1

Der erste Brief weist die Besonderheit auf, dass er noch in deutscher Schrift geschrieben ist. Ab Oktober 1927 schreibt Ernst Beilharz dann ausschließlich in lateinischer Schrift; möglicherweise ist dies schon als Zeichen der Anpassung an die internationale Moderne und das amerikanische Alltagleben zu verstehen. Der Brief, dessen Papier er als „nicht gerade salonfähig" beschreibt, zeigt Humor und Sinn für das Praktische, denn er teilt ein größeres Blatt in mindestens vier Stücke und möchte so „4 oder mehr Mücken fangen". Ernst hat nur eine Briefmarke und also vermutlich wenig Geld, vielleicht auch zu wenig Zeit, um neue Marken zu kaufen. Wahrscheinlich hat er an vier verschiedene Familienmitglieder geschrieben und alle Briefe in einem Umschlag versandt.

Helene Beilharz ist sieben Jahre jünger als Ernst. Schon dieser erste Brief spiegelt ganz die Haltung des älteren Bruders, der seine kleine Schwester lobt, aber auch ein bisschen bevormundet, wenn er sie indirekt auffordert, ihm öfter zu schreiben, und sie mahnt, „brav und strebsam" zu sein.

Ernst schreibt, er interessiere sich für alles, was aus der Heimat kommt: „Ich rechne nämlich nur als ganz guter Baiersbronner." Die aus heutiger Sicht ungewöhnliche Formulierung mit dem Verb „rechnen" im Sinne von „zählen als" zeigt, wie stark er auch ein Jahr nach der Auswanderung noch seiner Heimat verbunden ist, ein bisschen Schwäbisch klingt in der Formulierung an, oder hört man hier einen leichten Amerikanismus heraus (to count as)? Dass er viel arbeiten muss, kommentiert er erneut mit Humor und einem Schuss Selbstironie, wenn er sich ein „arg geplagtes Jüngchen" nennt.

Nicht alle Personen, an die er Grüße aufträgt, sind heute noch zu ermitteln. Mit Paule ist wohl sein jüngster Bruder gemeint; Otto Wagner war der Eigentümer der Eisenwarenhandlung in Freudenstadt, in der Helene ein kaufmännisches Praktikum absolvierte. Wir wissen nicht, weshalb Helene diese Ausbildung gewählt hat, ob es einfach das Naheliegendste war oder ob sie sich speziell für dieses Berufsfeld interessiert hat? Fragen der Selbstverwirklichung, wie sie heute gestellt werden, waren damals weniger geboten, doch weshalb ging sie „in Stellung" in die Schweiz und speziell in den kleinen Ort Liestal? Es gibt dort eine Bäckerei Finkbeiner, die 1910 gegründet wurde, vielleicht bestanden verwandtschaftliche Beziehungen? Immerhin war Marie Beilharz, die Mutter von Helene und Ernst eine geborene Finkbeiner.

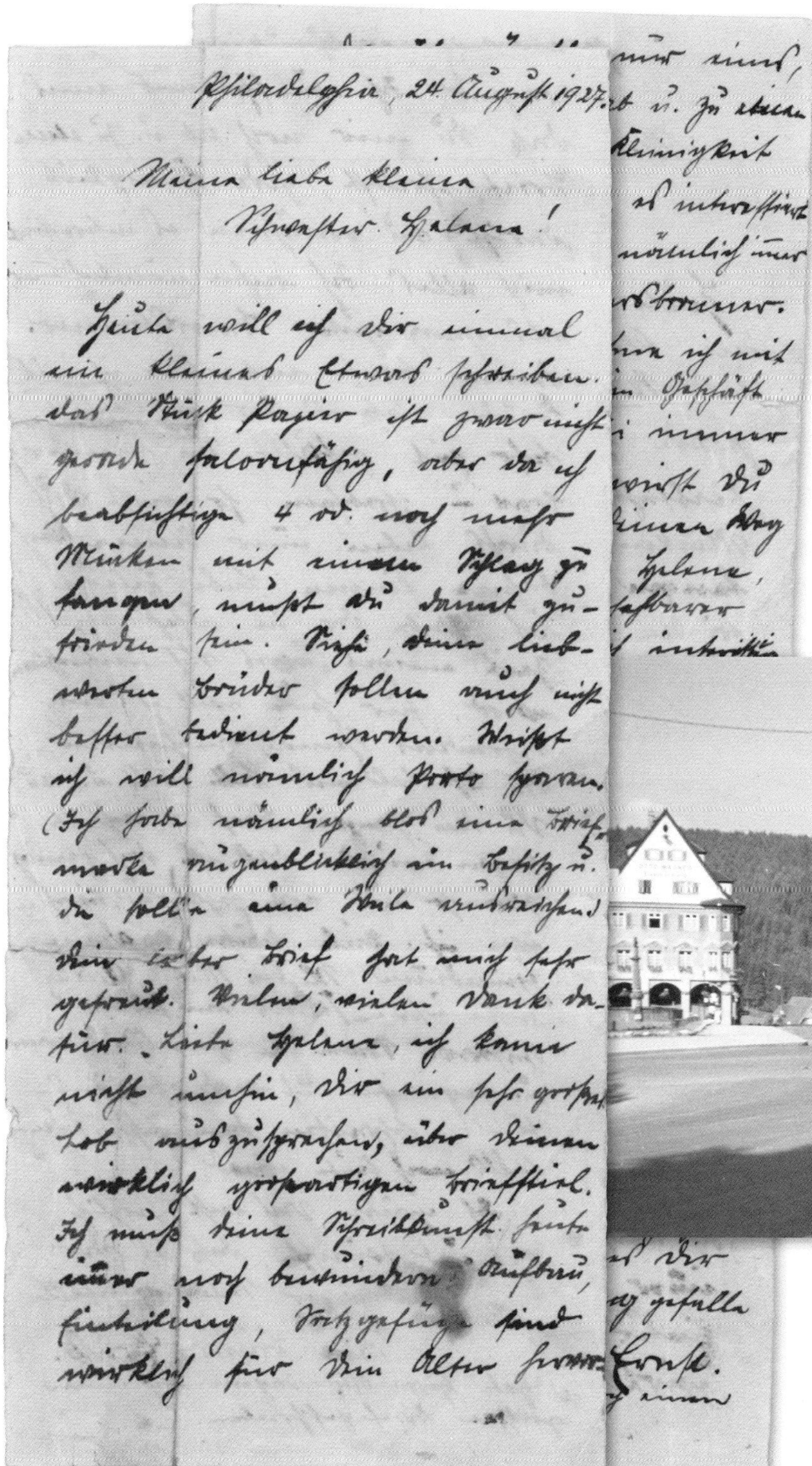

Philadelphia, 24. August 1927.

Meine liebe kleine
Schwester Helene!

Heute will ich dir einmal
ein kleines Etwas schreiben.
das Stück Papier ist zwar nicht
gerade salonfähig, aber da ich
beabsichtige 4 od. noch mehr
Mücken mit einem Schlag zu
fangen, musst du damit zu-
frieden sein. Siehst, deine lieb-
werten Brüder sollen auch nicht
besser bedient werden. Weisst
ich will nämlich Porto sparen.
(Ich habe nämlich bloß eine Brief-
marke augenblicklich im Besitz u.
die soll'n eine Weile ausreichen.)
Dein letzter Brief hat mich sehr
gefreut. Vielen, vielen Dank da-
für. Liebe Helene, ich kann
nicht umhin, dir ein sehr großes
Lob auszusprechen, über deinen
wirklich großartigen Briefstil.
Ich muss deine Schreibkunst heute
nur noch bewundern. Aufbau,
Einteilung, Satzgefüge sind
wirklich für dein Alter hervor…

Seiten des ersten Briefs von 1927

Freudenstadt, links die Eisenhandlung Otto Wagner (1936). Helene Beilharz absolvierte dort 1926 ein kaufmännisches Praktikum.

2.

„In nächster Zeit will ich mich mit einer amerik. Millionärstochter verloben."

Phila, den 9. Okt. 1927

Meine liebe kleine Schwester Helene!

Schon 15 Jahre bist Du alt. Du wirst diesen Tag, den 23. Oktober jedenfalls festlich begehen. Ich will den Brief so wegschicken, daß er Dich womöglich gerade an dem Tage erreicht, der für Dich ein Markstein sein wird, insofern es 1 ½ Jahrzehnte her sind, seit Du das Licht der Welt erblickt hast. Liebe Helene, das Briefpapier schickt sich ja nicht gerade zu einem Geburtstagsbrief, aber es ist das Beste was Du hier auftreiben kannst. In ganz Amerika habe ich noch keinen gefütterten Briefumschlag gefunden. Weißt, alles billig.

Dieser Brief möge Dir alle meine besten Wünsche für Deinen ferneren Lebensweg übermitteln. Als äusseres Zeichen meiner Liebe lege ich diesem Briefe 3 Dollars bei, welche Du nach Deinem Gutachten verausgaben magst.

Meine liebe Schwester, seit einigen Wochen habe ich einen neuen Freund, der von Berlin stammt. Na den solltest Du mal sehen, richtiger gesagt hören. Der hat ein Mundwerk, da kann ich nicht landen. Trotzdem habe ich mich in Amerika schon etwas gebessert u. läuft mein Maul mehr. Nun mein Berliner muß auch eine große Schnauze haben. Er spielt nämlich hier in einem Deutschen Theater mit. Heute Abend gehen wir miteinander zu einem Lustspiel. Er als Schauspieler u. ich als Zuschauer und Zuhörer. Es ist gerade Sonntagnachmittag, aber trotzdem das reinste Hundewetter, weshalb ich die Zeit ausnützen will zu diesem kleinen Briefchen. Bis in ca 6 Wochen geht vielleicht Frau Walg auch weg, dann muß ich mir nach einer andern Wohnung gucken; ich schreibe beizeiten meine neue Adresse. – Was sagst Du übrigens dazu? In nächster Zeit will ich mich mit einer amerik. Millionärstochter verloben. Hoffentlich hast Du nichts dagegen.

Feiere nun Deinen Geburtstage recht fröhlich. Grüsse die Eltern, Geschwister u. die eventuelle Geburtstagsgesellschaft von mir.

Dein Bruder Ernst aus Amerika.

Kommentar zu Brief 2

Ein Geburtstagsbrief zu einem besonderen, dem fünfzehnten Geburtstag. Der Brief ist auf einem dünnen, hellblau linierten Blatt geschrieben, adressiert an „Helene Beilharz, Baiersbronn, Rose, Wttbg., Schwarzwald, Germany!". Die Absenderadresse ist „1419 Germantown Ave., Philadelphia Pa." Auch hier äußert sich Ernst über das Briefpapier und bemängelt, er habe in ganz Amerika noch keinen gefütterten Umschlag gefunden. Damit zeigt er für einen jungen Handwerkersohn vom Land eine bemerkenswert gehobene Briefkultur sowie Sinn für das Wertige und Bodenständige. In Amerika scheint dies anders zu sein, daher sein Urteil, dass dort „alles billig" sei; Kunststoffe und Wegwerfartikel waren in den USA schon damals verbreiteter als in Deutschland.

Ernst Beilharz als junger Mann (o. J.)

Leider war nicht zu ermitteln, wer der neue und offensichtlich sehr sympathische Freund aus Berlin war, von dem er in diesem Brief berichtet. Ein Schauspieler aus Berlin, der an einem deutschen Theater in Philadelphia auftrat. Es gab mehrere deutsche Theater in Philadelphia, denn die Kultur ihrer Heimat spielte für die Auswanderer eine große Rolle. *The German Society of Pennsylvania* wurde 1764 als älteste deutsch-amerikanische Organisation der USA gegründet. Zu ihren Zielen gehörten „Charity" – die ersten Siedler kamen nach der langen Schiffsreise oft in einem desolaten Zustand in Amerika an, beherrschten

„Niagara Falls – Park Canada, Sept. 1928" (Rückseite beschriftet, EB rechts außen)

die Sprache nicht und hatten niemanden, an den sie sich wenden konnten –, „Education" und der Bereich „Promoting German Culture". Beispielsweise gestaltete man eine Feier anlässlich des 100. Geburtstages von Friedrich Schiller im Jahr 1859, gründete Schützenvereine und Sängerbünde, und so war die Gesellschaft bereits Ende des 19. Jahrhunderts zur wichtigsten Institution zur Förderung des Deutschtums avanciert.

Wir wissen nicht, welches „Lustspiel", in dem sein neuer Berliner Freund eine Rolle hatte, er besucht hat. Eine interessante und online zugängliche Studie über die Theatersammlung des amerikanischen Germanisten Marion Dexter Learned (1857–1917) verzeichnet zahlreiche Autoren und Theaterstücke, die schon im 19. Jahrhundert auf Amerikas deutschsprachigen Bühnen gespielt wurden, darunter Dramatiker und Komödiendichter wie Ludwig Anzengruber, Roderich Benedix, Oscar Blumenthal und Gustav Kadelburg, Carl Gutzkow, Gustav von Moser, Ferdinand Raimund, Ernst von Wildenbruch, Lessing, Schiller u.v.a.

Hier, wo das deutsche Leben mehr überwiegend als vielleicht in irgendeiner Stadt vorherrscht, sollte man meinen, könnte nichts erwünschter kommen, als die schönen Abendunterhaltungen eines guten Theaters, das man in Deutschland in der kleinsten Provinzial-Stadt für eine gewisse Zeit im Jahre ganz bestimmt findet. Die Schauspieler spielen im allgemeinen gut und einige davon leisten wirklich Außergewöhnliches. (C. F. Huch, „Das deutsche Theater in Philadelphia vor dem Bürgerkriege", In: *Mitteilungen des Deutschen Pionier-Vereins von Philadelphia* 6 (1907), S. 13–27; zit. nach *Learned Collection [...]*, S. 4)

Wenn er über seinen neuen Freund sagt „Der hat ein Mundwerk, da kann ich nicht landen", spielt er dann nur auf die sprichwörtliche Berliner Schnauze an und setzt sich selbst als eher verschlossenen Schwarzwälder dazu in Gegensatz? Allerdings relativiert er die Aussage und betont, dass auch er nun gelernt habe, sich besser und schneller auszudrücken: „Trotzdem habe ich mich in Amerika schon etwas gebessert und läuft mein Maul mehr." Vermutlich bezieht sich die Aussage also auf seine eigene Sprechweise, die schwäbisch-schwarzwälderisch gewiss langsamer war als flottes Berlinerisch. Sprachbegabt war er dennoch, da er während seines Aufenthaltes in den USA hervorragend Englisch gelernt hat, was ihm im späteren Leben noch sehr zugute kommen sollte. Wie die Toolbox, so soll er auch seine Englisch-Bücher bis zu seinem Lebensende aufbewahrt haben.

Wie so oft schickt Ernst in seinem Brief Geld mit, diesmal 3 Dollar. Das war schon ein ordentliches Taschengeld für ein junges Mädchen: Dem *US Inflation Calculator* zufolge entsprächen 3 Dollar im Jahr 2020 ungefähr 45 Dollar. So ist er also schon etwas zu Geld gekommen, genug für ein auskömmliches Leben wird es noch lange nicht gewesen sein. Und wieder kommen Witz und Ironie zum Einsatz, wenn er spielerisch mit den Klischees vom reichen Onkel in Amerika und dem Reichtum dort umgeht und schreibt, er wolle sich mit einer amerikanischen Millionärstochter verloben. Wahrscheinlicher ist, dass er nie ernsthaft vorhatte, eine Amerikanerin zu heiraten, zumal die Einwanderer nach Nationalitäten doch oft unter sich blieben. Und wo hätte er auch eine Millionärstochter kennenlernen sollen? Erfolg bei Frauen hatte er allerdings bestimmt, denn er sah sehr gut aus. Das belegen gleich mehrere erhaltene Hochzeitsfotos, bei denen er „Best Man", also Trauzeuge des Bräutigams war. Die Kleidung aller auf diesen Hochzeitsbildern wirkt heute ungemein elegant, denn auch wenn sie keine reichen Leute waren, so legte man in Auswandererkreisen offensichtlich großen Wert darauf, sich gut zu kleiden und auf diese Weise zu zeigen, dass man einen gewissen Wohlstand erreicht hatte.

Die Grußformel dieses Briefs offenbart – ein Jahr nach der Auswanderung – die Identifikation mit dem neuen Land: „Dein Bruder Ernst aus Amerika."

Ernst Beilharz (rechts im Bild) als „Best Man" bei der Hochzeit befreundeter Einwanderer: Karl und Berna de Boer (1928). Links im Bild Matthäus Keck aus Baiersbronn-Mitteltal mit seiner Frau Gesine Keck (geb. de Boer)

3.

„Lerne gehorchen."

Philadelphia, den 24.5.29.

Meine liebe Schwester!

Vielen, vielen Dank für Deine schöne und liebe Karte von Deinem neuen Wirkungskreis. Schon ein paar Tage wartete ich auf etwas von Dir, da mir Mutter in einem Briefe mitteilte, dass Du seit 25. April in der Schweiz bist. Du bist wirklich unternehmungslustig für Dein Alter. Ich habe alle Achtung für Deinen Mut. Du machst dem Beilharz Geschlecht alle Ehre. Am 22. ds. schrieb ich einen Brief an die Eltern, sowie einen an Erich letzte Woche.

Soeben regnet, blitzt, donnert, kracht und hagelt es hier, daß einem Hören und Sehen vergehen könnte. Seit langem war kein so schweres Gewitter. Heute morgen war noch der schönste Sonnenschein. Solange ich dies schrieb hat sich das Schlimmste beruhigt und die Macht der Wolken ist anscheinend gebrochen. [AB: kleiner darunter, offensichtlich nachträglich eingefügt:] *Das Gewitter ist bei Schluss des Briefes vollständig vorüber.*

Liebe Helene, in Deiner Stellung in Liestal wünsche ich Dir recht viel Glück. Deine Herrschaft möge Dir Deine Pflicht mit Liebe erleichtern helfen. Nimm es mir nicht übel, wenn ich Dir einige Ratschläge gebe, die ich selbst an mir schon zur Genüge erprobt habe. Vor allen Dingen sei ehrlich bis auf den letzten Pfennig. Laß Dich mit niemand unnötigerweise in irgend etwas verwickeln, wo Du selbst nur mit halbem Herzen und Gemüt dabei bist. Allzuviele Freunde sind unnötig, oftmals sind sie nur freundlich, um die Gutmütigkeit anderer auszunutzen. Verlaß Dich nie auf fremde Menschen, denn sobald Du zu irgendjemand in einem moralischen Abhängigkeitsverhältnis stehst, bist Du der Lackierte. Liebe Helene, Du weißt, daß ich Dich mag, u. ich spreche aus Erfahrung. Ich habe auch schon manchen dummen Streich hier gemacht, doch jedesmal hatte ich noch ein reines Gewissen. Wenn ein Mensch sich selbst gegenüber ehrlich gestehen kann, wo die eigenen Fehler liegen u. was man hätte besser machen können, dann ist immer noch Zeit zur Korrektur vorhanden.

Deiner Herrschaft gegenüber sei freundlich. Lerne gehorchen. Ein altes Sprichwort sagt, wer nicht lernte zu gehorchen, lernt auch nie zu befehlen. Ich selbst mußte das Gehorchen hier erst richtig lernen. Ich hoffe, dass es mir zu manchem nützen kann. Halte Augen u. Ohren offen, den Mund zu. Dies ist ein Wunsch, den man jedem, der ins Ausland geht, mitgeben sollte. Es kommen z. B. soviele junge Deutsche nach Amerika, die schon alles besser wissen wollen, bevor sie Amerika recht gesehen haben. Dabei wissen diese Leute noch vieles nicht. Es gibt in jedem fremden Lande sovieles, was man von Hause aus nicht weiß u. manche Sachen sind besser als das Althergebrachte. Aber: Prüfet alles u. das Gute behaltet. Liebe Helene, Du wirst hoffentlich verstehen, wenn ich Dir einen kleinen moralischen Brief geschrieben habe. Es kommt alles aus einem liebenden, brüderlichen Herzen. Vergiß nicht, daß, wenn Du in irgendwelcher Not sein solltest, Du mir alles anvertrauen kannst, od. auch um Geld anpumpen kannst. Schreibe recht bald einen ausführlichen Brief an mich. Ich werde Dir baldmöglich antworten. Inliegend 2 Bilder von mir u. eines, in der Mitte Alma Schweizer, u. Familie Hafner u. Richard Mauermann, mein Zimmerkollege, der nächste Woche nach der Heimat (Hamburg) fährt. Er will bald wieder zurück, weshalb er natürlich keine Zeit hat um in den Schwarzwald zu gehen. Bist Du mit der Größe meines Briefes zufrieden? Am Sonntag besuche ich Alma in ihrer Stellung in Atlantic City (am Meeresstrand).

Recht herzlich grüßt Dich Dein Bruder Ernst.

Grüße an Deine Herrschaft, wenn Du nichts dag. hast.

„... in der Mitte Alma Schweizer, u. Familie Hafner u. Richard Mauermann ..." (1929)

Kommentar zu Brief 3

Zwischen dem zweiten und dritten Brief liegen anderthalb Jahre, was die Vermutung nahelegt, dass nicht alle Briefe erhalten sind.

Helene ist also seit 25. April 1929 in der Schweiz „in Stellung", wie man damals sagte, als Dienstmädchen im schweizerischen Ort Liestal. Das Haus Rathausstraße 70 war ein besonderes, ein vornehmes Bürgerhaus, das auch heute noch steht und bei meinem Besuch (September 2020) gerade renoviert wurde. Das Gebäude wurde schon 1602 als altes Spital errichtet, es kam 1816 in Gemeinde- und 1862 in Privatbesitz, 1869 wurde die Fassade im spätklassizistischen Stil umgestaltet. Helene arbeitet demnach bei „feinen Leuten". Sie ist erst sechzehneinhalb Jahre, weshalb Ernst sie für ihren Mut lobt und hinzufügt:
„Du machst dem Beilharz Geschlecht alle Ehre". Man hört die enge geschwisterliche Verbundenheit, Familienstolz und die freudige Überraschung heraus, dass die kleine Schwester ihr Leben ebenso beherzt in die Hand nimmt wie er. Spätere Briefe werden noch zeigen, dass sie sich sogar mit dem Gedanken trug, ebenfalls nach Amerika auszuwandern.

Das Haus „Rathausstraße 70" in Liestal; an diese Schweizer Adresse schrieb Ernst die meisten seiner Briefe an Helene (Foto 2020).

Belege zu Geldsendungen in die USA und nach Deutschland

Es folgen Betrachtungen über das Wetter, die mit Formulierungen wie „die Macht der Wolken ist anscheinend gebrochen" Ernsts guten Schreibstil sichtbar machen. Er hatte eine Klasse übersprungen und oft soll ihn der Lehrer in der Oberschule in Freudenstadt aufgefordert haben, den jüngeren Schülern etwas zu erklären.

Der größte Teil dieses Briefs besteht aus Empfehlungen, deren Ernsthaftigkeit und besonnener Nachdruck für einen jungen dreiundzwanzigjährigen Mann aus heutiger Sicht ungewöhnlich erscheinen, wenngleich die Mahnungen durch den üblichen humorvollen Unterton aufgelockert sind: „sonst bist Du der Lackierte". Es wird wohl im Dunklen bleiben, welche Erfahrungen es in seiner ersten Zeit in den USA waren, die ihn dazu gebracht haben, diese Dinge zu schreiben und worauf er anspielt, wenn er schreibt, er habe „auch schon manchen dummen Streich hier gemacht". Ehrlichkeit sich selbst gegenüber jedenfalls könne einen immer noch retten, meint er.

Gehorsam war zu Beginn des 20. Jahrhunderts gewiss eine erstrebenswerte und auch selbstverständliche Tugend. Erstaunlich ist jedoch die übergeordnete Perspektive. Fast philosophisch klingt das alles und auch, als spräche Ernst Beilharz hier überwiegend zu sich selbst: „Ich selbst mußte das Gehorchen hier erst richtig lernen. Ich hoffe, dass es mir zu manchem nützen kann. Halte Augen u. Ohren offen, den Mund zu."

Über die Auswanderung spricht er nun schon mit einem leicht überlegenen Blick auf diejenigen Deutschen, die ohne nähere Kenntnisse und ohne sich anzupassen ins andere Land reisen. „Prüfet alles u. das Gute behaltet." Er selbst hat diese Haltung beibehalten, sich neugierig und doch mit innerer Distanz umgesehen, vermutlich auch nicht viel gesprochen. Welche Deutschen hatte er im Auge, die ohne sich anzupassen in andere Länder reisen? Geschichten über Auswanderer, die auf schnellen Reichtum hofften, ohne sich anstrengen zu müssen und dann bitter enttäuscht wurden, über Abenteurer, die den Wilden Westen im Kopf hatten, über Künstler, die meinten, in Hollywood zu reüssieren, gibt es genug.

Wie fremdes Brot doch salzig pflegt zu schmecken,
Erfährst du; und wie über fremde Stiegen
Das Aufundab muß bittern Kummer wecken.

(Dante Alighieri: *Die göttliche Komödie*. Das Paradies, XVII. Gesang, V. 58–60. Übers. von Richard Zoozmann)

Er weiß, dass seine Worte nicht gerade optimistisch klingen und bittet mit einem Augenzwinkern um Entschuldigung, „einen kleinen moralischen Brief geschrieben" zu haben, zugleich verleiht er sowohl den Ermahnungen als auch der Entschuldigung Nachdruck, indem er ein erneutes „Liebe Helene" einflicht. Den mahnenden Ton macht er dann gleich wett mit einem Angebot, in welchem sich schon früh seine spätere Großzügigkeit auch in finanziellen Angelegenheiten zeigt: In der Not könne sie sich ihm immer anvertrauen... und ihn „um Geld anpumpen". Er hat schon früh und regelmäßig Geld nachhause geschickt wie die noch erhaltenen Einzahlungsbelege beweisen. Er fühlte sich in allen, auch in finanziellen Dingen für seine Familie verantwortlich, eine Eigenschaft, die er zeit seines Lebens beibehalten hat.

Der Brief endet mit Erwähnung anderer Auswanderer, von Familie Hafner wird später noch häufiger die Rede sein, über Richard Mauermann ist nicht viel bekannt. Alma Schweizer war die jüngere Schwester von Ernst Beilharz' späterer Ehefrau Emma. Sie war ebenfalls ausgewandert, hatte eine Stellung als Kindermädchen in Atlantic City. Alle genannten Personen scheinen untereinander sehr gut befreundet gewesen zu sein, wie viele erhaltene Fotos belegen, die sie bei Sonntagsausflügen, am Meer, am Pool oder in der Natur zeigen.

Die Absenderadresse hat sich nun geändert in „2815 N. 12th street". Der Umschlag dieses Briefs ist übrigens mit violettem Seidenpapier gefüttert, also hat er doch noch ein schönes Briefpapier aufgetrieben.

4.

„Nein, Gleichberechtigung für alle."

Philadelphia, den 26. Juni 29.

Meine liebe Schwester!

Vielen Dank für Deinen lieben Brief. Ich will Dir doch raschmöglichst antworten, damit Du siehst, daß Dein Amerikaner Dich nicht vergessen hat. Auch danke ich Dir für Dein Bildchen. Du wirst ja ganz hübsch. Weißt Du noch wie Du mir einmal erzähltest wer mit zwanzig nicht schön sei, werde es seiner Lebtag nicht. Du hast also noch 3 1/4 Jahre vor Dir um Dich dementsprechend auszubilden. Daß Du Dich bemühst brav zu sein, freut mich herzlich. Liebe Helene, leider gelingt es einem nicht immer das Rechte zu tun, wenn man gerade den guten Willen dazu hat. Laß Dich aber dadurch nicht stören. Der Wille allein ist schon genügend um den Fehlschlag zu entschuldigen. Du hast vollkommen recht wenn Du Dich von jeglicher Freundschaft zurückhältst. Man macht so oft trübe Erfahrungen. In Wirklichkeit gibt es nur einen Freund u. der ist in dem Himmel. Laß Dich nicht mit Herrenbekanntschaft ein. Für ein Mädchen ist es viel gefährlicher anzubändeln als für einen Mann. Trotzdem verteidige ich nicht den Standpunkt, daß ein Mann eher das Recht dazu hat. Nein, Gleichberechtigung für alle.

Wenn wir früher ab u. zu mal Krach miteinander gehabt haben, so laßt uns gar nicht darüber reden. Das kann vielleicht wieder vorkommen u. entspringt letzten Endes nur einem Gefühl geschwisterlicher Liebe. Gleichgültige Menschen geben sich nicht miteinander ab.

Wenn ich nach Deutschland gehe, werde ich Dich selbstverständlich besuchen, wenn nicht eine höhere Gewalt einen Strich durch die Rechnung macht. Vorläufig weiß ich noch nicht, was ich tue. Ich habe im Sinne <u>spätestens</u> nächstes Frühjahr zu fahren. Bis dorthin kann sich allerdings noch viel ändern. Vielleicht heirate ich auch bald, wenn ich jemand Passenden finde. Hoffentlich hast Du nichts dagegen. Ich werde eine Frau suchen, mit der jedermann zufrieden sein kann, sogar ich u. das ist ja die Hauptsache.

Letzten Sonntag war Otto Haug v. Plattenhardt u. ich bei Alma Schweizer in Atlantic City. Wir haben den ganzen Sonntag gebadet, so daß wir aussehen wie die Neger. Ich sandte Dir eine Karte von A. City. Otto

Haug arbeitet im selben Geschäft wie ich. Ich habe ihm die Stelle verschafft. Vorerst muß er nachts arbeiten.

Von Sonntag ab bekomme ich neue Hausleute. Fam. Hafner geht nämlich am 1. Juli weg. Er als Chauffeur u. Kellner u. sie als Köchin zu Privatleuten. Es ist eine Stellung wie Kecks eine haben. Die neue Familie, welche kommt, sind aus Bayern. Ich werde also noch in meiner alten Bude bleiben. Ob wohl die Frauen von Bayern auch gute Spätzle machen können? Wir werden schon sehen.

Habe heute auch einen Brief an die Eltern geschrieben. Es freut mich, daß es soweit allen gut geht. Gell, schreibe ihnen recht oft. Ich darf zwar nicht viel sagen, denn ich habe es auch schon wochenlang anstehen lassen. Ich habe jedoch den guten Vorsatz, daß ich es in Zukunft nicht mehr tun will. Wenn Du Fam. Gerwig wieder besuchst, richte ~~sehr~~ [Anm. „sehr" ist durchgestrichen] *viele Grüße aus, ebenso an Deine Herrschaften. Ich werde Dir sobald wie möglich wieder schreiben.*

Inzwischen grüßt Dich recht herzlich

Dein Bruder Ernst.

Die Albert Ballin, mit der Alma Schweizer am 3. April 1929 in New York ankam (1929).

Kommentar zu Brief 4

Ernst bezeichnet sich der Schwester gegenüber scherzhaft als „Dein Amerikaner". Offensichtlich hat auch sie ein Bild von sich geschickt und er lobt, wie hübsch sie sei. Dies führt sogleich wieder zu etwas moralischer Belehrung, in der das Bedenken des älteren Bruders anklingt, sie möge sich nicht mit Herrenbekanntschaft einlassen, denn: „Für ein Mädchen ist es viel gefährlicher anzubändeln als für einen Mann." Vor dem Hintergrund der damaligen Zeit, wo die Angst vor ungewollter Schwangerschaft über allen jungen Frauen schwebte, ist das verständlich, und doch wird die Mahnung sogleich in einem erstaunlichen Satz relativiert, der Ernsts Aufgeschlossenheit zeigt. Er wolle nicht den Standpunkt verteidigen, dass Männer eher das Recht zu Liebschaften hätten als Frauen: „Nein Gleichberechtigung für alle". Also ein deutlicher Anklang von Weltläufigkeit und Toleranz im Hinblick auf die Beziehungen zwischen den Geschlechtern! Man kann sich fragen, ob dieses Denken nicht schon stark durch seinen Aufenthalt in Amerika geprägt war. Denn, da er kulturell interessiert war und offenen Auges durch die Welt ging, wird ihm nicht entgangen sein, wie sich die amerikanischen Frauen jener Zeit kleideten. Es war das Jazz Age, die Zeit der sogenannten Flappers: Frauen, die kurzes Haar und kurze Röcke trugen, rauchten und tranken.

Die amerikanische Schauspielerin Joan Crawford im typischen Flapperlook (1927)

Versöhnlich spielt er auf alte, harmlose kleine Streitigkeiten unter Geschwistern an und lässt auch dies in einer moralischen Sentenz gipfeln: „Gleichgültige Menschen geben sich nicht miteinander ab." Seine ersten ernsthaften Heiratspläne kommen zur Sprache. Er scheint noch die Passende zu suchen, der frühere Verweis auf die amerikanische Millionärstochter war eben doch nur ein Scherz. Er möchte eine Frau finden, mit der jeder zufrieden sein soll und fügt mit einem Schmunzeln hinzu „auch ich selbst".

Erneut berichtet Ernst von Sonntagsbesuchen bei Alma Schweizer in Atlantic City und bei seinen früheren Mitbewohnern Familie Hafner in Wallingford, einer Kleinstadt im Delaware County. Viele schöne Bilder zeigen ihn mit Freunden am Strand oder bei Sonntagsausflügen.

„Am Meeresstrand" (1929)

Bei Alma in Atlantic City

„Atlantic City, N.J., Juni 1929. Otto Haug und ich." (Beschriftung der Bildrückseite)

Vermutlich arbeitet er nun schon bei der Firma Leeds & Northrup, einer Firma, die auf die Herstellung von Wärmemessinstrumenten spezialisiert war. Mit dem bereits in einem der vorigen Briefe erwähnten Otto Haug wird der Grundstein gelegt für eine lange Freundschaft, nach dem Zweiten Weltkrieg werden beide bei IBM Sindelfingen arbeiten. Arbeit scheint es im Sommer 1929 noch reichlich zu geben. Viele Auswanderer sind bei wohlhabenden Privatleuten tätig, wie die erwähnten Familien Hafner und Keck, und wie Ernst Beilharz später, zur Zeit der Großen Depression. Insgesamt scheinen Arbeits- und Wohnungswechsel häufig gewesen zu sein, ein Kennzeichen der im Vergleich zu Deutschland schnelllebigen amerikanischen Arbeitswelt. Erneut blitzen Ernsts schwäbische Heimatverbundenheit und Humor auf, wenn er überlegt, ob wohl auch bayerische Frauen gute Spätzle machen können.

5.

„Wenn ich in der Mode bleiben will,

muß ich schon so eine alte Ratterkiste kaufen."

Philadelphia, den 22. Juli 1929.

Mein liebes Schwesterchen!

Es wird Dich auch freuen, wenn Du unerwartet Post bekommst von Deinem Amerikanerbruder. Oder hast Du auf einen Brief von mir gewartet? Von Dir erhielt ich vor ca 10 Tagen eine Postkarte. Laß Dir herzlich dafür danken. Seit 1. Juli habe ich neue Hausleute. Vielleicht habe ich Dir schon mitgeteilt, daß Fam. Hafner von Phila. wegging in eine kleine Stadt in der Nähe (80 km) von hier. Ich besuche sie jeden 2ten Sonntag, den andern benütze ich, um Alma Schweizer in Atlantic City zu besuchen. Natürlich keine Regel ohne Ausnahme. Gestern u. vor 8 Tagen besuchte ich Hafner's. Es hat dies noch einen besonderen Zweck. Ich will nämlich das Autofahren lernen in Hafner's Auto. Bis jetzt bin ich sehr zufrieden mit meinen Fortschritten. Gestern fuhr ich ein paar Stunden ganz allein. Bis in 14 Tagen will ich meine Prüfung machen. Wenn ich durchrassle, macht es auch nichts, denn schließlich brauche ich ein Auto blos zu meinem Vergnügen. Leisten kann ich mir schon eines, soviel Geld habe ich um einen alten Karren zu kaufen. Wenn ich in der Mode bleiben will, muß ich schon so eine alte Ratterkiste kaufen. Man kann schon für 50 Dollars ein Modell von 17hundert kaufen. Aber weißt ich möchte halt ein schöneres, eines vom Jahre 19hundert u. 29. Aber die kosten runderes Geld. Es wird wohl bleiben wie es ist: zu einem großartigen reicht der Draht nicht u. ein anderes ist dem jungen Schlosserernst nicht gut genug. – Bei Hafner's ist auch ein wunderbarer kleiner Park u. ein priv. Schwimmbad. Ich bade immer dort u. geniesse die herrliche Luft. Diese ist bedeutend besser wie in Philadelphia, aber natürlich lange nicht so gut wie in unserer schönen Heimat Baiersbronn. Ab u. zu bekomme ich doch ein wenig Heimweh; Du nicht auch? Letzt Woche habe ich jeden Abend Briefe geschrieben. Weißt ich werde jetzt fleissiger. Schreibst Du auch oft heim? Bitte tue es. Übrigens alle Achtung! Vater hat mir mitgeteilt, daß Du 40 frcs heimgeschickt hast. Wie geht es Dir denn sonst, mein Liebes? Gefällt es Dir immer noch? Gelt, bleibe nur brav. Ich selbst will es auch sein. Daß es mir gut geht, kannst Du Dir denken, sonst hätte ich ein Klagelied in dem Briefe gesungen.

Bei 44 Std Arbeit in der Woche u. genügend Geld, guter Gesundheit und Humor kann man sich schon wohl fühlen. Ich bin dankbar, daß es mir so gut geht. Von zuhause wirst Du immer auf dem Laufenden sein, was passiert.

Mit den besten Grüssen verbleibe ich

Dein treuer Bruder Ernst.

Inliegend sind 3 Bilder von mir u. Alma, aufgenommen am 4. Juli bei Hafner's in Wallingford.

„ab und zu bekomme ich doch ein bisschen Heimweh". Das Bild zeigt Ernsts Eltern in Baiersbronn, Helene in der Mitte, links von ihr Richard, rechts von ihr Erich (o.J.)

Kommentar zu Brief 5

Erneut bezeugt eine Formulierung, „Post [...] von Deinem Amerikanerbruder", dass er anfängt sich mit dem neuen Land zu identifizieren. Neben dem üblichen Bericht über Sonntagsausflüge, die abwechslungsweise nach Wallingford zu Familie Hafner und zu Alma nach Atlantic City gehen, kommt ein neues wichtiges Thema hinzu, das Autofahren. Dass er nach eigener Einschätzung genug Geld für eine „alte Ratterkiste" hätte, sagt allerhand über seine verbesserte wirtschaftliche Lage aus. Für 50 Dollar bekomme man einen alten Gebrauchtwagen, schreibt er, doch ein neues Modell kostete damals wohl auch schon erheblich mehr. Launig kommt er zu dem Schluss, dass dann wohl alles beim Alten bleiben werde und er vorerst eben kein Auto kaufen könne. Daraus spricht doch wieder schwäbische Bodenständigkeit, die sich auch darin zeigt, dass er sich als „Schlosserernst" bezeichnet; dazu passt sein Lob der erquicklichen Luft in Wallingford, wo er offensichtlich viel Freizeit verbringt, von der er aber im gleichen Atemzug meint, sie sei doch „lange nicht so gut wie in unserer schönen Heimat Baiersbronn."

„... ein wunderbarer kleiner Park und ein privates Schwimmbad ..."

„Alma, Erna Hafner, M. Keck, O. Hafner, K. Keck. Haverford-Pa., 8. Juni 1929." (Beschriftung der Rückseite)

Er betont, wie gut es ihm gehe „Bei 44 Std. Arbeit in der Woche u. genügend Geld, guter Gesundheit und Humor kann man sich schon wohl fühlen." Ein Satz, welcher im Grunde seine gesamte Einstellung zum Leben zusammenfasst. Die Arbeit kommt an oberster Stelle, 44 Std. galten damals als angemessen und keineswegs als zu viel, im Gegenteil, man war ja froh, Arbeit zu haben. Zum weiteren Wohlbefinden genügen Gesundheit und Humor: alles in allem zeigt er eine beeindruckende Bescheidenheit.

6.

„... komme ich im Frühjahr um meine Braut nach Amerika zu holen."

Philadelphia, den 28. Aug. 1929.

Mein liebes, liebes Schwesterchen!

Für Deinen freundlichen und lieben Brief sage ich Dir vielen, vielen Dank. Ich bin überrascht wie großartig Du schreibst. Weißt, ich stelle mir halt immer noch das 14jährige Mädchen vor. Manchmal vergesse ich ganz, daß nicht nur ich, sondern auch Du und alle anderen um 3 Jahre älter geworden sind, seit ich den deutschen Staub von meinen Füßen schüttelte. An mir ist die Zeit nicht spurlos vorübergestrichen, und wenn ich Dein Bild betrachte, so sehe ich, daß aus dem Mädchen ein Fräulein geworden ist. Das ist jedoch durchaus kein Grund zum Klagen. Wir wollen uns freuen an jedem Fortschritt, den wir machen. Wenn wir auch älter werden, so wird das durch Erfahrung und Klügerwerden mehr als ausgeglichen. Daß ich eine kluge Schwester habe, merke ich am besten an Deinem Briefe.

Liebe Helene, Dein Schreiben hat mir sehr imponiert. Du gefällst mir. Mache ruhig weiter, wie Du begonnen hast. Heutzutage muß jedes sein Leben selbst in die Hand nehmen. Wenn man den Weg aufrichtig und gerade geht, kann man jedem ruhig in die Augen schauen. Es freut mich, daß Du von Zeit zu Zeit etwas Abwechslung und Ausspannung hast. Du hast ganz recht, wenn Du das Leben von der leichten Seite nimmst. Nur darf man dabei nicht leichtsinnig werden. Solange man alles mit reinen, optimistischen Augen ehrlich anschaut, darf man auch einen Irrtum begehen, vorausgesetzt, daß er nicht zur Gemeinheit und Unreinheit wird.

Du schreibst in Deinem Briefe, daß Du einverstanden bist, wenn ich heirate. Heute will ich Dir soviel verraten, daß Du die beste, edelste und liebste Schwägerin bekommen wirst, die Du Dir überhaupt wünschen kannst. Die Eltern werden Dir bereits mitgeteilt haben wer es ist. Du selbst hast nicht weit daneben geraten. Nur ist es Emma statt Alma Schweizer. Wenn es den Eltern recht ist, komme ich im Frühjahr um meine Braut nach Amerika zu holen. Selbstverständlich werde ich dann Dich auch besuchen. War Erich bei Dir während seiner Ferien? Gegenwärtig habe ich meine (Ferien). Ich war ein paar Tage in Atlantic City. Sonst werde ich nicht weit gehen. Weißt, als angehender Ehemann muß

ich meine Groschen zusammensparen. Übrigens habe ich letzten Donnerst. die Prüfung als Chauffeur bestanden. Jetzt fehlt mir nur noch das Auto. Vielleicht findet sich bald jemand, der mir ein altes, ausgeleiertes schenkt.

Eine Ansicht der Luftschiffahrthalle in Lakehurst zeugt von meinem letzten vergeblichen Warten auf den Zeppelin. Heute nacht od. morgen soll er wieder dort landen. Sollte er zu einer günstigen Zeit kommen, werde ich nochmal versuchen die Landung zu sehen.

Nun aber soll genug sein für heute und grüßt Dich in treuer, gedenkender Liebe

Dein Bruder Ernst.

Die Braut: Emma Schweizer als junge Frau (o. J.)

Kommentar zu Brief 6

Helene ist nun fast siebzehn Jahre alt. Drei Jahre hat Ernst sie nicht mehr gesehen, alle sind älter geworden seit er „den deutschen Staub" von seinen „Füßen schüttelte". Fast klingt auch das ironisch, oder wäre es überinterpretiert, diese Formulierung so zu lesen, dass er mit dem Staub auch die Enge der Alten Welt abgeschüttelt und gegen die Weite der Neuen Welt eingetauscht hat? Eine Lesart, welche auch die Bemerkung, „wir wollen uns freuen an jedem Fortschritt, den wir machen" zu bestätigen scheint.

„so sehe ich, daß aus dem Mädchen ein Fräulein geworden ist." Helene im gepunkteten Kleid (vorderste Reihe, 3. v. li) auf einem Klassenbild (o. J.)

Auch dieser Brief enthält mahnende Worte: Man dürfe das Leben schon gern von der leichten Seite nehmen, aber eben nicht leichtsinnig werden. Interessant ist auch hier wieder ein recht modernes Frauenbild: „Heutzutage muss jedes sein Leben selbst in die Hand nehmen". Das Neutrum „jedes" lässt vermuten, dass er – auch dadurch belegt, dass er im ganzen Absatz auf Helenes Leben eingeht – „jedes Mädchen" meint. Junge Mädchen müssen also zusehen, dass sie ihr Leben selbst in die Hand nehmen, so wie Helene, die schon jung in Stellung und für damalige Verhältnisse weit weg von zuhause ging.

Er kommt zu seinen Heiratsplänen. Er hatte während seiner Ausbildung an der Staatlichen Schule für Feintechnik bei Familie Schweizer gewohnt und deren drei Töchter Emma, Berta und Alma kennengelernt. Die damaligen Passagierlisten belegen, dass Alma Schweizer mit dem Schiff *Albert Ballin* am 22. März 1929 nach New York fuhr (Ankunft am 3. April 1929) und Ernst Beilharz für sie als Bürge eingetragen war. Ein altes Privatfoto der *Albert Ballin* lässt vermuten, dass er Alma auch am Hafen abholte. Ernsts Brief von August 1929 ist zu entnehmen, dass Helene vermutet hatte, er wolle Alma heiraten. Weshalb es anders kam, ist heute nicht mehr genau zu klären. Wahrscheinlich ist, dass Alma schon vor ihrer Reise nach Amerika mit ihrem späteren Ehemann, dem ebenfalls aus Schwenningen stammenden Bruno Schlenker verlobt war. Bruno war laut Passagierlisten bereits am 19. Februar 1929 mit der *Hamburg* nach New York gereist, lebte jedoch zunächst wohl längere Zeit in Bloomington, Illinois bei seinem Bruder Ewald Schlenker, der für ihn gebürgt hatte.

Ernst kannte also seine zukünftige Frau Emma, Almas Schwester, aus Schwenningen, und hat wohl auch mit ihr regelmäßig korrespondiert, was der nächste Brief bestätigen wird. Dort schreibt er, dass es nicht ausgemacht war, dass er und Emma heiraten wollten, als er nach Amerika ging: „Im Gegenteil, Emma hat erst eingewilligt vor etwa ¾ Jahren als ich gar keine Ruhe mehr ließ." Demnach gab es eine längere briefliche Werbungsphase.

Er zeigt Pflichtbewusstsein, wenn er vorausschauend an seine Aufgaben als späterer Ehemann denkt, deshalb sein Geld zusammenhalten möchte und in seinen Ferien nur einige Tage nach Atlantic City fährt. Die Prüfung als Chauffeur hat er bestanden, was in seinem späteren Leben noch wichtig sein wird, weil er infolge des Börsenkrachs von seiner Firma beurlaubt wurde und als Chauffeur bei einer wohlhabenden jüdischen Familie arbeitete.

„Prüfung als Chauffeur bestanden", doch noch ohne eigenes Auto. Das Bild zeigt Ernst als Chauffeur im Chrysler von Mr. Jacobs, für den er nach Ausbruch der Weltwirtschaftskrise und Verlust seiner Arbeit arbeitete (1934)

Am Ende des Briefes erwähnt er die Luftschifffahrthalle Lakehurst in New Jersey, welche noch zu trauriger Berühmtheit kommen wird, da am 6. Mai 1937 dort der Zeppelin „Hindenburg" verunglückte. Dass Ernst offensichtlich gleich mehrfach in Lakehurst war, um auf die Ankunft des Zeppelins zu warten, belegt, wie sehr er sich für den Fortschritt und die Errungenschaften der Moderne begeisterte.

7.

„... ich mußte ziemlich Überzeit arbeiten.

Dabei verdiene ich allerdings einige Batzen mehr ...“

Philadelphia, den 13. Oktober 1929.

Mein liebes Schwesterchen!

Es ist eine lange Zeit seit ich Dir nicht mehr geschrieben habe. Zuerst herzlichen Dank für Deinen großen, lieben Brief, den ich vor etwa 14 Tagen bekam. Leider hatte ich wenig Zeit, um zu antworten, denn ich mußte ziemlich Überzeit arbeiten. Dabei verdiene ich allerdings einige Batzen mehr u. die sind immer willkommen. Vergangene Woche habe ich dreimal bis 9.h abends gearbeitet. Deinen Geburtstag habe ich nicht vergessen. Auch nicht den Wunsch, den Du hattest. Ich gab Alma den Auftrag, Dir ein Bild von mir zu schicken, da ich keine Gelegenheit hatte es einzupacken u. auf die Post zu bringen. Hoffentlich gefällt es Dir. Ich bin zwar etwas mager darauf, doch macht das nichts. Wenn ich erst mal verheiratet bin, werde ich schon fetter werden. Weißt bis jetzt muß ich eben essen was mir hingestellt wird. Übrigens war es gar nicht ausgemacht, daß Emma u. ich heiraten wollen, als ich nach Amerika ging. Im Gegenteil, Emma hat erst eingewilligt vor etwa ¾ Jahren als ich gar keine Ruhe mehr ließ.

Ich habe 2 Tage Pause gemacht mit diesem Brief, weil am Sonntag mein früherer Hausherr Hafner kam um mich mit dem Auto nach Wallingford zu nehmen. Gestern hatte ich keine Zeit, um weiterzuschreiben, da ich erst um 1/2 10h abends heimkam. Heute habe ich auch bis 9h gearbeitet und [sic] *bin ich deshalb sehr müde. Dein Brief muß aber heute abend noch weg, sonst kommt er viel zu spät an. Die Zeit bis zu Deinem Geburtstage ist sowieso so kurz. Ausser dem Bild, das letzten Freitag wegging, lege ich Dir ein kleines Geschenk in Gestalt von 2 neuen Dollarscheinen bei. Dafür darfst Du Dir eine Kleinigkeit kaufen. Zu Deinem 17ten Geburtstage wünsche ich Dir alles Gute. Hoffentlich darfst Du Dich in Deinem ferneren Leben ungetrübter Gesundheit erfreuen. Ich wünsche auch, daß Du viel Freude in Deiner Stellung und mit Deinen Nebenmenschen erleben darfst. Wahrscheinlich werde ich noch auf Weihnachten nach Deutschland reisen. Wenn ich komme, werde ich Dich natürlich besuchen. Ich will doch sehen, wo mein*

Schwesterchen lebt u. wirkt. Wenn ich Hochzeit feiern sollte in Deutschland, darfst Du natürlich auch dabei sein. Doch wollen wir da noch nichts ausmachen. Man weiß ja noch nicht, wie es kommen wird. Wir werden darüber noch später reden.

Inzwischen grüßt Dich

in treuer Liebe

Dein Bruder Ernst.

Ernst Beilharz fährt Ende 1929 nach Deutschland, um zu heiraten.

Kommentar zu Brief 7

Beim Datum dieses Briefs, dem 13. Oktober 1929, springt ins Auge, dass er nur elf Tage vor dem berühmten „Black Thursday" geschrieben wurde. Der Beginn der Weltwirtschaftskrise steht also kurz bevor. Noch gibt es genügend Arbeit, Ernst muss „ziemlich Überzeit arbeiten" und verdient einige willkommene „Batzen mehr". Dreimal arbeitet er bis 21.00 Uhr. Vermutlich ist das mit ein Grund dafür, dass er so mager ist, wie die Schwester offensichtlich in einem Brief bemängelt hatte.

Dieser Brief ist kürzer als die anderen, er hat ihn unterbrochen, da er erneut abends lange arbeiten musste, und schreibt, er sei „sehr müde". Dennoch vergisst er Helenes Geburtstag nicht und schickt Glückwünsche „in Gestalt von 2 neuen Dollarscheinen", wünscht Gesundheit und Freude bei der Arbeit „und mit Deinen Nebenmenschen". Er avisiert seinen Besuch in Deutschland noch vor Weihnachten, seine Hochzeitspläne nehmen Gestalt an.

Das Brautpaar Ernst und Emma Beilharz geb. Schweizer (6. Februar 1930)

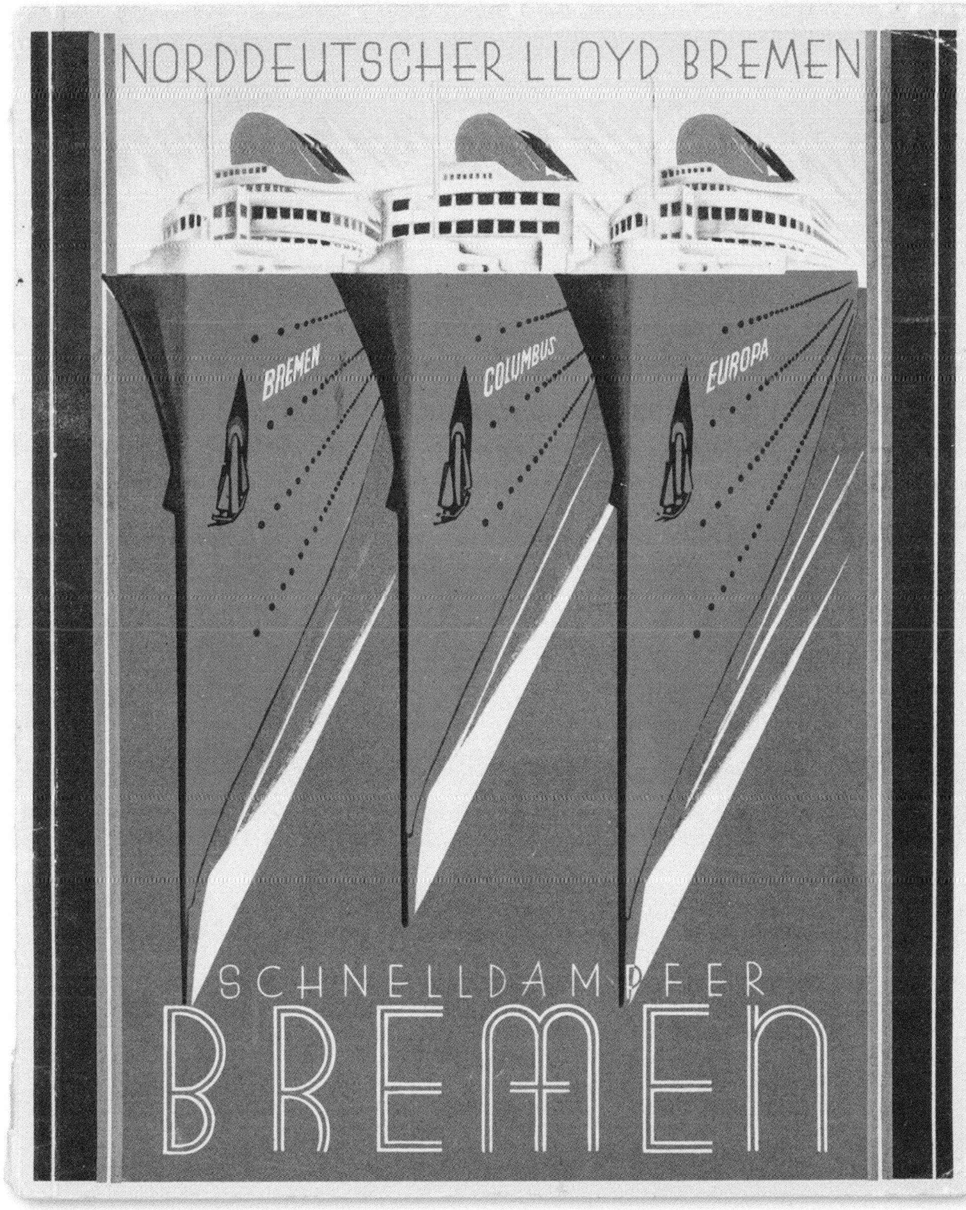

Prospekt des Ozeandampfers Bremen (1930)

Abreise Ernst und Emma Beilharz am 12. Februar mit der Bremen von Bremerhaven nach New York

8.

„Wir arbeiten normal 44 Stunden."

Philadelphia, den 2. März 1930.

Liebes Schwesterchen! Herzlichen Dank für Deinen lieben grossen Brief. Es ist ja sehr lieb von Dir, daß Du sobald Zeit gefunden hast uns einen Brief zu schreiben. Es freut mich, daß es Dir wieder gefällt in Liestal. Ich habe heute nach Hause geschrieben und dafür gesprochen, daß Du die Erlaubnis erhältst nach Amerika gehen zu dürfen. Ich hoffe, daß Du gehen darfst. Emma gefällt es bis jetzt sehr gut. Sie ist entzückt von der Einfachheit des amerikanischen Haushalts. Hier bekommt man die ganzen Lebensmittel ins Haus geliefert. Wir wohnen hier bei Freunden von uns, bis wir uns selbst eingerichtet haben u. eine passende Wohnung gefunden. Die Gegend ist eine der schönsten die es gibt in Philadelphia. Letzten Montag habe ich wieder angefangen im alten Geschäft. Es fiel mir nicht allzuschwer trotz der 9wöchigen Ruhepause. Wir arbeiten normal 44 Stunden, weshalb ich Samstags frei habe. Trotz der kurzen Arbeitszeit bin ich immer müde u. schläfrig. Das kommt von dem Klimawechsel u. Wetter. Seit wir hier waren, hatten wir das schönste Frühlingswetter. Dafür ist es aber heute recht kalt. Letzte Woche bekam ich ein Telegramm mit der Mitteilung von Erichs bestandenem Examen. Auch Richard hat mir bereits geschrieben. Die Aufnahmen, die wir in Villingen machten, sind alle verwackelt mit einer Ausnahme. Von Baiersbronn hatten wir noch einige Photographien, welche ich Dir gelegentlich schicke. Robert und Alma lassen Dich herzlich grüßen. Es wird mich freuen, bald wieder etwas von Dir zu hören. Inzwischen grüßt Dich herzlich Dein Bruder Ernst.

[Emma Beilharz fügt hinzu:]

Liebes Helenchen! Vielen Dank für Deinen lieben Brief. Bald bekommst Du auch einen von mir. Wir tun für Dich was wir können. Innig umarmt Dich Deine Emma.

Kommentar zu Brief 8

Der erste erhaltene Brief an Helene nach der Heirat von Ernst und Emma und ihrer Rückkehr nach Amerika. Ernst war im November 1929 nach Deutschland gereist. Fotos zeigen ihn als hoffnungsfrohen Verlobten auf dem Schiff, gut gekleidet mit Hut und Mantel. Die Hochzeit wird am 6. Februar 1930 in Schwenningen gefeiert und bereits am 12. Februar 1930 fahren beide erneut, nun nicht über Hamburg, sondern über Bremerhaven mit dem Schiff *Bremen* nach Amerika. Die Jungfernfahrt der *Bremen* hat erst acht Monate zuvor stattgefunden, das Schiff gehört zu den modernsten Passagierdampfern der Epoche, braucht für die Reise nur noch wenige Tage und kann über 2000 Passagiere befördern. Die neuerliche Atlantiküberquerung ist also viel kürzer, da die Schiffe viel schneller geworden sind.

Rechts außen: Ernst und Emma auf der Bremen (Überfahrt Feb. 1930)

Ich habe Bremerhaven 2019 besucht und mich dort einige Tage aufgehalten. Heute wirkt dieser Ort seltsam entrückt und still, die Wesermündung liegt breit und ruhig da, am Auswandererkai erhebt sich ein eindrucksvolles Denkmal. Anhand der Dokumentation im Museum *Auswandererhaus* wird nachvollziehbar, wie der Aufbruch ablief, wie die Kajüten und anderen Räumlichkeiten an Bord aussahen. Ich habe versucht, mir vorzustellen, wie sich Emma und Ernst bei ihrer Abreise gefühlt haben? Wie verlief ihre Reise nach Bremerhaven und wie der Abschied von zuhause? Waren sie ein glücklich verliebtes junges Ehepaar? Gab es schon damals direkt

Auswandererdenkmal in Bremerhaven, dahinter das Café Strandhalle (2019)

Wesermündung in Bremerhaven (2019)

Literatur für Auswanderer und Schiffskoffer (fotografiert im Auswandererhaus Bremerhaven, 2019)

am Kai das Café Strandhalle, in dem ich Kaffee getrunken und Kuchen gegessen habe? Das Gebäude und die ovalen Fenster mit Art-Deco-Muster lassen vermuten, dass es um die Jahrhundertwende erbaut wurde.

Von Emma wird berichtet, dass sie froh war, dem kleinen Ort Schwenningen zu entkommen. Wie mag sie sich gefühlt haben, als sie an Bord des riesigen Atlantikliners ging? Gewiss ist sie voller Zuversicht und fühlt sich bei ihrem Ehemann geborgen, der ja Amerika schon gut kennt und ihr bestimmt viel vom Leben dort berichtet hat. Sie war bescheiden, fromm, tiefgründig und hatte schon viel erlebt, da ihre Mutter gestorben war, als sie selbst erst dreizehn Jahre alt war. Denkt sie während der Überfahrt an mögliche Gefahren? Hat sie die Fahrt gut überstanden oder wurde sie seekrank? Und wie ist ihr zumute, als das Schiff in New York eintrifft und sie zum ersten Mal amerikanischen Boden betritt?

Es gibt ein professionell aufgenommenes Foto, das die beiden mit anderen Auswanderern auf dem Schiff zeigt. Das typische Auswandererfoto. Interessant ist ein Blick auf Ernst bei Beim Vergleich dieses Bildes von Februar 1930 mit dem Auswandererbild von November 1926 ist zu erkennen, wie Ernst sich verändert hat. 1926 war er noch ganz der Handwerkersohn mit Kappe und in seinem vermutlich besten Anzug. Drei Jahre später steht er anders dort: Weltläufig, mit einem Lächeln, im langen Mantel mit wehendem Haarschopf.

Ernst antwortet hier auf einen offensichtlich langen Brief von Helene. Es scheint, als habe sie sich einige Zeit in Liestal nicht so wohl gefühlt, doch nun gefällt es ihr dort wieder besser. An dieser Stelle erfolgt die erste Anspielung darauf, dass sie plante, ebenfalls in die USA auszuwandern, denn Ernst schreibt: „Ich habe heute nach Hause geschrieben und dafür gesprochen, daß Du die Erlaubnis erhältst nach Amerika gehen zu dürfen."

Nach neunwöchiger Pause hat er wieder einen guten Einstieg in seine Arbeit gefunden, es sind immer noch die üblichen 44 Stunden pro Woche, mit einem freien Samstag, also 8,5 Stunden täglich, wie er selbst sagt eine „kurze Arbeitszeit". Er und seine Frau scheinen auch in Amerika in die Familie eingebettet, denn in allen Briefen ist viel von den anderen deutschen Auswanderern und Verwandten wie Alma oder Robert Schlenker die Rede.

Von nun an wird Emma den Briefen meistens einen kurzen Gruß hinzufügen. Die neue Absenderadresse ist 1410 East Lycoming Street. Das Haus zeigt sich heute fast unverändert.

Helene Beilharz (links im Bild) in Liestal (die andere junge Frau ist unbekannt – auf der Rückseite steht: Liestal, Januar 1931, Rotackerweg)

9.

„Praktisch sind die Amerikanerinnen in ihrer Arbeit,

das muss man ihnen lassen."

12.3.1930

[Diesen Brief hat Emma Beilharz geschrieben]

Meine liebe, kleine Schwägerin!

Nun bekommst Du aber auch einmal ein Briefle von mir, daß Dir nicht gar so einsam wird unter all den fremden Leuten. Wie geht es Dir mein Liebes? Hast Dich wieder gut eingelebt? Wir fühlen uns hier auch ganz wohl, obwohl wir noch kein eigenes Heim haben. Bald werden wir auch soweit kommen. Das Wohnungsuchen ist uns ein bißchen eine schwierige Sache. Wohnungen sind wohl viele frei, aber vielleicht nicht gerade solche wie wir eine brauchen. Erstens wollen wir eine ganz kleine Wohnung, weil wir nicht soviel bezahlen wollen und auch nicht viel Möbel anschaffen wollen, zweitens wollen wir nicht ins Zentrum der Stadt u. auch nicht in die sogenannten Negerviertel, weil die in der Regel nicht sehr sauber sind. Zur Zeit wohnen wir in einem der schönsten Viertel der Stadt. Es stehen hier fast lauter Einfamilienhäuser reihenweise um uns herumgebaut, auch sind die Straßen sehr schön und sauber, was durchaus nicht überall der Fall ist. Wir werden aber kaum in dieser Gegend eine Wohnung bekommen weil die Häuservillen nur eine Küche haben. Nun wir werden schon einen Unterschlupf finden.

Praktisch sind die Amerikanerinnen in ihrer Arbeit, das muß man ihnen lassen. So viel Umstände mit Putzen und Waschen wie in Deutschland machen sie nicht. Sie waschen viel mehr (d.h. wenn sie waschen u. nicht wie es meistens der Fall ist die Wäsche nicht in die Waschanstalten geben) weil die Wäsche viel mehr gewechselt wird wie bei uns. Die Betten werden jede Woche frisch bezogen u. auch die Leibwäsche wird oft gewechselt.

Liebes Helenchen, ich glaube wenn du in der Schweiz Deine Dame zufriedenstellen kannst, so genügen Deine Kenntnisse ohne weiteres für Amerika.

So schrecklich viel verlangen die Amerikanerinnen nicht, weil sie selbst auch nicht gern arbeiten und infolgedessen keine Ahnung haben von der Pünktlichkeit eines deutschen Haushaltes – uns bist Du selbstverständlich jederzeit willkommen, je bälder, desto lieber. Bitte doch Deine Eltern daß Du Dich vorläufig immer anmelden darfst. Sollte irgendein Umstand dazwischen kommen, daß es ihnen lieber wäre, Du würdest zuhause bleiben, so wärst Du ja durch die Anmeldung zu nichts verpflichtet. Meines Wissens müßtest Du ohnehin ungefähr 2–3 Jahre warten.

Nun behüte Dich Gott, u. schreibe uns einmal wieder u. denke manchmal an uns. Laß Dich innig grüßen u. umarmen von Deiner Emma.

[Ernst Beilharz fügt hinzu:]

Einen recht herzlichen Gruss von Deinem Bruder Ernst. Jetzt habe ich es gut. Ich muß mich abends nicht immer abplagen mit Schreiben, das macht die Frau tagsüber u. ich darf dann blos noch einen Gruss schreiben.

1410 East Lycoming Street, Philadelphia – Foto der ersten Wohnadresse von Ernst und Emma Beilharz. (Foto von 1930)

Kommentar zu Brief 9

Dieser Brief ist insofern etwas Besonderes, als er ganz von Emma Beilharz geschrieben wurde. Es sind wohl ihre ersten Eindrücke aus Amerika und es klingt, als habe sie sich gut eingelebt. Sie berichtet, die Wohnungssuche sei schwierig, da sie nicht so viel Geld hätten und nicht so viele Möbel kaufen wollten. Sie möchten weder ins Zentrum ziehen – vermutlich, weil sie selbst vom Land kommen und weil es zu teuer war – und auch nicht in die „sogenannten Negerviertel“. Emma lobt ihren Stadtteil, mit den Einfamilien- und Reihenhäusern in der Lycoming Street und betont, wie schön und sauber alles sei.

Auch sie ermuntert Helene, in die USA zu kommen und lässt anklingen, es sei leicht, eine Stellung als Hausmädchen zu finden. Vor allem macht sie Helene Mut hinsichtlich der Ansprüche einer etwaigen amerikanischen Herrschaft: Helenes hauswirtschaftliche Kenntnisse würden für Amerika leicht reichen, wenn sie ihre Dame in der Schweiz zufriedenstellen könne. Das Wäschewaschen war damals sicher eine der aufwendigsten Tätigkeiten einer Hausfrau und so ist es nicht verwunderlich, dass Emma hier eingehend die Unterschiede beschreibt, die im Übrigen auch heute noch bestehen; das wird jeder bestätigen, der schon einmal eine amerikanische Waschmaschine bedient hat: Temperaturwahl, Dauer des Waschvorgangs einstellen, fertig. Emma lädt also ihre Schwägerin herzlich nach Amerika ein und meint, sie solle sich anmelden, zumal die Formalien sowieso einige Zeit, vielleicht zwei bis drei Jahre dauern würden.

Ihr Blick auf die Amerikanerinnen ist auch interessant: Jene seien praktisch, würden jedoch nicht gern arbeiten, hätten „infolgedessen keine Ahnung […] von der Pünktlichkeit eines deutschen Haushalts“. Gewiss bestand ein Unterschied zwischen der Hausarbeit in Deutschland und der Lockerheit, mit der diese Dinge in Amerika gehandhabt wurden, wo eben alles moderner und praktischer war.

Sie schließt mit den Worten „Nun behüte Dich Gott“, ein christlicher Ton, der in den Briefen von Ernst, der hier nur einen kurzen Gruß anfügt, selten ist.

1410 East Lycoming Street, Philadelphia – Heutige Ansicht: Das Haus (Mitte) ist fast unverändert, der Vorgarten ist eingezäunt, die Hausnummer gut zu erkennen (Zeichnung Friedrich Kleensang, 2021)

10.

„Soweit bringt man es in Deutschland nicht, daß sich Arbeiterfamilien ein extra Nähzimmer erlauben können.“

Ardsley, den 29. Juni 1930.

Mein liebes Schwesterlein!

Heute wurde ich von meiner lieben Frau darauf aufmerksam gemacht, daß wir Dir einen Brief schulden. Vorher dachte ich immer die Reihe sei an Dir. Ich will deshalb meinen Fehler gut machen u. Dir einiges von unserem Wohlergehen zu wissen tun.

Mittlerweile ist eine Pause von 14 Tagen eingetreten. Man hat heute den 13. Juli. Es ist gewiß ein besonders gutes Zeichen wenn man 2 Wochen braucht, um sich auf die Fortsetzung des Briefes zu besinnen. Vielleicht hast Du schon von zuhause erfahren, dass wir umgezogen sind. Wir wohnen jetzt etwa 20 km vom Zentrum der Stadt weg. Um bis zum Rathaus von Phila zu gelangen haben wir 1 Stunde mit Strassen- u. Untergrundbahn zu fahren. Soweit habe ich auch ins Geschäft. Um 8 Uhr fangen wir an. Da muss ich schon 5 Minuten vor 7^{h} weggehen, um wenigstens einige Minuten vor 8^{h} ins Geschäft zu kommen. Wir wohnen hier mit Familie Schütter zusammen. Robert ist auch hier. Ich werde Dir ein Bild schicken auf dem unser Haus drauf ist. Es steht an einem Abhang. Wir haben ein ziemlich großes Grundstück dabei. Allerdings bedarf dies sehr der Pflege. Nächstes Frühjahr wollen wir manches anpflanzen. Blos müssen wir noch manches über Landwirtschaft lernen. Meine Kenntnisse sind anscheinend noch die besten. Du kannst Dir ja denken wieviel ich weiß. Vor unserem Hause haben wir ein ziemlich großes Stück Rasen mit einigen Blumen, kleinen Lebensbäumen u. anderen Sträuchern. Hinter dem Hause stehen 8 Pfirsichbäume, die aber grausig verwahrlost sind u. deshalb ganz verkrüppelte Früchte hervorbringen. Die Bäume sind noch nie beschnitten worden, was wir im Herbst gründlich nachholen wollen. Unser Platz ist mindestens 70 m lang u. etwa 10–15 m breit. Was uns hier besonders gut gefällt ist die ausserordentlich frische Luft. Wir sind hier fern dem Leben u. Treiben der Stadt. Die Luft ist lange nicht so feucht u. voll Benzingestank wie in der Stadt. Ausserdem ist unsere Bahnverbdg nach Phila. grossartig. Es fahren genügend Strassenbahnen zu *jeder Tages- u. Nachtzeit. 50 m von unserem Hause entfernt, ist eine Haltestelle. Der einzige Nachteil ist nur der, dass es etwas lange dauert bis man nach Phila. kommt. Dieses wird aber durch manchen anderen Vorteil mehr als aufgehoben. Unser Haus ist groß genug, um Fam. Schütter, Robert u. uns zu beherbergen. Die beiden Frauen haben sogar ein gemeinsames Nähzimmer. Soweit bringt man es in Deutschland nicht, daß sich Arbeiterfamilien ein extra Nähzimmer erlauben können. Eine grosse Garage haben wir auch. Falls wir mal einen grossen „Mercedes-Benz" kaufen, wird uns die Garage sehr von statten kommen.*

In letzter Zeit hatten wir ein paar ganz gewaltige Gewitter in unserem Landhaus. Wir haben hier einen herrlichen Beobachtungsposten um Gewitter in der Ferne zu beobachten. Wir liegen ziemlich hoch hier. In der Nähe von hier ist ein grosser Vergnügungspark. Dort könntest Du abends öfter hinfahren u. Dich an Karussel, Schaukel, Achterbahn u. dgl. erfreuen. Hinter uns liegt eine grosse Wiese, auf der ich vor einigen Wochen Erdbeeren suchte. Jetzt gibt es bald Brombeeren in Masse in unserer Nähe. Wir sind hier ganz ländlich. Rechts von uns wohnt ein Deutscher der Hühnerzucht im großen betreibt. Jede Woche kommt 3 mal ein Riesenauto mit allen möglichen Waren. Ein fahrendes Warenhaus. Wir können dort einkaufen was wir notwendig an Lebensmitteln brauchen. Wir haben also hier alle Bequemlichkeiten.

Kommst Du bald um uns auf unserem Rittergut zu besuchen. Mit dem Wunsche daß es Dir noch gut gefällt in der Schweiz, grüßt Dich herzlich Dein Bruder Ernst.

Ich legte [sic] *Dir noch ein paar Aufnahmen von B.bronn bei, die ich vor meiner Abreise gemacht habe.*

[Emma Beilharz fügt hinzu:]

Liebe herzliche Grüße sendet Dir Deine Emma.

Das große Haus: 816, Edge Hill Road (1930)

Kommentar zu Brief 10

Ernst und Emma sind vom Zentrum in den Vorort gezogen, die Adresse lautet: „816, Edge Hill Road, Glenside – Pa." Das Haus wirkt heute etwas verändert. Sie leben, gemeinsam mit anderen deutschen Auswanderern, in einem großen Haus mit Garten, weit weg vom Lärm und Benzingeruch in Downtown Philadelphia. Die Bahnverbindung in die Stadt ist gut, dauert aber doch eine Stunde. Ernst war also vermutlich insgesamt 11–12 Stunden abwesend. Das große Grundstück scheint ihnen zu gefallen, auch wenn sie noch nicht wissen, was sie genau anpflanzen werden und wie das im Einzelnen zu bewerkstelligen ist. Ein besonderer Punkt sind die ausgedehnten Räumlichkeiten, in denen auch Familie Schütter und Robert Schlenker, ein Vetter von Bruno und Ewald. wohnen. Besonders stolz ist Ernst darauf, dass die beiden Ehefrauen ein gemeinsames Nähzimmer haben. Es zeigt den sozialen Aufstieg: „So weit bringt man es in Deutschland nicht, dass sich Arbeiterfamilien ein extra Nähzimmer erlauben können." Auch die große Garage geht in

Emma und Ernst als jung verheiratetes Paar

diese Richtung. Es ist gewiss Selbstironie, zumal er die Automarke in Anführungszeichen setzt, wenn er schreibt, die Garage würde ihm von statten kommen, wenn sie mal einen „grossen ‚Mercedes-Benz'" kaufen; aber ein Fünkchen Hoffnung auf einen schönen, eigenen Wagen klingt schon durch. Ein Mercedes gehörte damals zur absoluten Ober- bzw. Luxusklasse der Automobile. Der offiziell auch als „großer Mercedes" bezeichnete Mercedes Benz Typ 770 (W 07) wurde 1930 auf dem Pariser Autosalon vorgestellt, kostete über 30.000 Reichsmark und kam vorwiegend als Staatskarosse zum Einsatz.

In diesem Brief erfahren wir etwas über die Umgebung, die leichte Höhenlage und den nahegelegenen Vergnügungspark, noch ein Grund, der Helene die Auswanderung nach Amerika schmackhaft machen soll. Der deutsche Nachbar betreibt Hühnerzucht, ein fahrendes Warenhaus bringt Lebensmittel. Das Leben scheint recht angenehm gewesen zu sein, und so schließt Ernst diesen Brief mit einer neuerlichen Einladung in die USA und dem üblichen Humor, Helene möge sie doch auf ihrem „Rittergut" besuchen.

Erdbeerernte hinter dem Haus

816, Edge Hill Road heute. (Aufnahme 2018)

11.

„Wie steht es übrigens mit Deiner Amerikareise?“

Ardsley, den 10. Oktober 1930.

Liebe Helene!

Zu Deinem achtzehnten Geburtstage möchte ich nicht versäumen, Dir von ganzem Herzen Glück zu wünschen für Deinen ferneren Lebensweg. Mögest Du gesund u. munter an Leib und Seele bleiben u. Dich glücklich und wohl fühlen. Eines befremdet mich und das ist Dein absolutes Totschweigen. Wenn ich nicht wüßte, dass die Eltern etwas geschrieben hätten, falls etwas nicht in Ordnung wäre mit Dir, könnte ich annehmen, daß Du krank wärest. Ich habe Dir vor etlichen Monaten einen Brief geschrieben auf den aber bis heute noch kein Lebenszeichen kam. Hoffentlich geht es Dir gut. Es würde mich freuen, wenn Du bald einmal ein klein wenig schreiben würdest, damit ich über Dein Ergehen informiert wäre. Ich bin zwar jetzt verheiratet, deshalb bin ich aber immer noch Dein Bruder. Wie steht es übrigens mit Deiner Amerikareise? Hast Du Dich anders besonnen? Paula Züfle von Mitteltal hat jetzt auch scheints etwas Angst, wo es allmählich wahr wird. Falls Du Dich noch entschliessen würdest, weißt Du, daß Du bei uns herzlich willkommen bist. Die Geschäftslage ist zwar momentan äusserst drückend und flau. Für Mädchen ist jedoch immer noch Arbeit zu finden. Auch werden sie noch gut bezahlt. Übrigens hat mir Mutter geschrieben, Du wollest Dir kurze Haare schneiden lassen. Wenn Du das tust, darfst Du nicht zu mir kommen nach Amerika. Wer wird überhaupt blos auf einen solchen Gedanken kommen, wenn man so schöne, lange Haare hat wie Du. Ausserdem ist es gar nicht modern. In Amerika lassen sich alle Mädchen wieder lange Haare wachsen. Die Übergangszeit ist aber ganz miserabel. Da hängen hinten ein paar abgeschnittene Haare heraus. Ganz scheußlich sieht das aus. Es wäre alles recht, wenn man die Haare so schnell wieder ankleben könnte wie man sie wegschneidet. Ausserdem sind sie nachher ganz dick, filzig und steif. Wenn Du mir persönlich einen Gefallen tun willst, so lasse bitte Deine Haare wie sie sind. Mit kurzen Haaren bist Du sicher nicht mehr so schön wie jetzt. Was macht auch Deine gnädige

Frau? Uns hier in Amerika geht es noch gut. Ich arbeite 5 Tage in der Woche. Fritz Schütter und Robert Schlenker arbeiten blos 4 Tage lang. Sie bekommen aber für den ausgefallenen fünften Tag eine Entschädigung. Der Geschäftsgang ist miserabel. Überall hapert es. Es gibt Arbeitslose in Hülle und Fülle. Solange ich noch regelmäßig arbeiten kann, bin ich zufrieden. Bis jetzt habe ich immer Glück gehabt, dank meiner besonderen Stellung im Versuchsraum. Letzten Sonntag machten Emma u. ich einen kleinen Spaziergang in die Nähe eines Kirchhofes. Dort entdeckten wir ein Denkmal mit einem deutschen Krieger. Es wurde 1903 von deutschen Kriegsveteranen des 70er Krieges erstellt. Daneben befinden sich ein Haufen Gräber mit eisernen Kreuzen. Dies sind alles Eingewanderte welche den 70 u. ltz. Krieg mitgemacht hatten. Von unserem Schlafzimmerfenster aus kann man das Denkmal zwischen den Bäumen liegend sehen. Und solange hat es gedauert bis wir so etwas Schones heimatliches entdeckten. Nun will ich aber Schluss machen, mit dem Wunsche, daß Du bald Antwort schreibst.

Es grüßt Dich recht herzlich

Dein Bruder Ernst

[Emma Beilharz fügt hinzu:]

Liebe Helene, ich schließe mich Ernsts Wünschen an und gratuliere Dir von ganzem Herzen zu Deinem Geburtstag. Gelt, lass bald was von Dir hören. Du weißt Doch, dass wir an Deinem Wohlergehen großes Interesse haben. Recht herzlich grüßt Dich Deine Emma.

Kommentar zu Brief 11

Erneut ein Geburtstagsbrief. Helene hat sich einige Zeit nicht gemeldet, auch auf den vorigen Brief schien keine Antwort gekommen zu sein. „Wie steht es übrigens mit deiner Amerikareise?“, fragt Ernst und vermutet, sie habe sich anders besonnen, nicht ohne gleich hinzuzufügen, dass sie nach wie vor willkommen wäre, trotz der drückenden Geschäftslage. Die Weltwirtschaftskrise ist nun überall angekommen.

Es folgt eine lange Passage über Helenes Plan, sich eine Kurzhaarfrisur zuzulegen, wovon er, als älterer, ganz um die Schönheit der Schwester besorgter Bruder eindringlich abrät. Er ist gut orientiert, wenn er schreibt, kurzes Haar sei auch in Amerika nicht mehr modern, denn in der Tat war der Bubikopf in den dreißiger Jahren schon wieder passé und langes Haar wieder schick. Doch kamen die amerikanischen Moden in Europa mit einiger Verzögerung an.

Meinen Sie, ich sollte mir die Haare kurz schneiden lassen, Mr. Charley Paulson?

Charley blickte überrascht auf.

– Wieso?

– Weil ich es erwäge. Es ist so eine sichere und bequeme Art, auf sich aufmerksam zu machen

Charley lächelte liebenswürdig. Er konnte nicht wissen, daß das einstudiert war. Er erwiderte, daß er nicht viel von Bubiköpfen verstünde. Aber Bernice war imstande, es ihm zu sagen.

– Ich möchte ein Gesellschafts-Vamp sein, verkündete sie kaltblütig und machte ihm weiter klar, daß kurze Haare dafür die nötige Voraussetzung seien.

(F. Scott Fitzgerald: *Bernices Bubikopf* (1920); S. 59)

Ein zweites Mal kommt er auf die schwierige wirtschaftliche Lage zu sprechen, erwähnt die vielen Arbeitslosen, die miserable Konjunktur, dass Robert Schlenker und Fritz Schütter nur noch vier Tage arbeiten, aber immerhin eine Entschädigung für den fünften Tag erhalten, dass er selbst jedoch zufrieden sei, so lange er regelmäßig Arbeit habe. Dies sagt viel aus über sein Naturell: bescheidenes Auftreten und das Beste aus den Dingen machen. Allerdings scheint er aber auch sehr gut zu arbeiten, da er, auch wenn er die für ihn gute Lage knapp mit „Glück gehabt“ abtut, eine herausgehobene „Stellung im Versuchsraum“ innehatte.

Die Frauen tragen modische Kurzhaarfrisuren (Ernst hinten li; Emma mit Karl-Ernst vorne li.)

Das Ende des Briefes zeigt noch ein besonderes Beispiel von Heimatverbundenheit. Bei einem Spaziergang auf dem nahegelegenen Friedhof entdecken Emma und er ein Kriegerdenkmal, das deutsche Veteranen zum Gedenken an den Krieg von 1870/71 aufgestellt hatten. Bei einer USA-Reise im Jahr 2018 besuchte ich mit meiner Tochter Johanna auch Roslyn bei Philadelphia und Rosemarie Schlenker, die Tochter von Alma. Wir fuhren,

wie in den USA üblich, mit dem Wagen auf dem Hillside Cemetary (auf dem Alma und Bruno Schlenker begraben sind) herum und sahen nach einigem Suchen ganz unvermittelt den „deutschen Krieger" mit Pickelhaube. So standen wir 88 Jahre später an derselben Stelle wie damals Ernst und Emma. Die Gräber mit den eisernen Kreuzen und den deutschen Namen schienen uns unverändert, das Denkmal selbst wurde mittlerweile renoviert und trägt neben der ursprünglichen Inschrift („Errichtet von dem Centralverband der Veteranen und Krieger der Deutschen Armee, Staatsverband Pennsylvanien am 30. Mai 1903") eine Plakette mit der Aufschrift: „Rededicated May 18, 2003. In Memory of German-American Veterans." Ernst schließt die Beschreibung des Denkmals mit heute altertümlich anmutender und doch berührender Ergriffenheit „und so lang hat es gedauert bis wir so etwas Schönes heimatliches entdeckten."

Hillside Cemetary – das Kriegerdenkmal damals (1931)

Hillside Cemetary – das Kriegerdenkmal heute (2018)

Hillside Cemetary – Eiserne Kreuze im Boden (2018)

12.

„Mir persönlich fehlt eigentlich gar nichts wie etwas Zeit und Geld [...]“

Ardsley, den 8. Dezember 1930

Liebes Schwesterchen!

Anbei senden wir Dir ein kleines Weihnachtsgeschenk. Emma hat Dir einen Unterrock gemacht, der Dir hoffentlich passen wird. Wir schicken ihn als Brief, damit es keinen Anstand mit dem Zollamt gibt. Solltest Du Zoll bezahlen müssen, dann laß den Brief zurückgehen an uns. Wir ersetzen Dir gerne das Rückporto. Es handelt sich für uns darum, daß wir wissen, ob diese Art von Sendung klappt. Bitte lass es uns wissen. Recht fröhliche u. frohe Weihnachten wünscht Dir Emma. Sie ist seit Samstag 29. Nov. Im Krankenhaus. Es geht ihr aber jetzt wieder gut. Seither haben wir einen kleinen Buben, der 7¾ Pfund wog. Wir werden ihn Karlernst nennen. Er tut nichts wie trinken, schreien und schlafen. Ich reise jede freie Minute ins Krankenhaus, deshalb reichts blos zu einem kleinen Brief. Wir haben auch einen Brief von Dir noch nicht beantwortet. Herzlichen Dank. Schreibe den Eltern ob sie 3 Briefe m. Kragen (wie Dein Brief) bekommen haben. Wie geht es Dir sonst? Mir persönlich fehlt eigentlich gar nichts wie etwas Zeit und Geld, aber das macht nichts. Laß Dir es über Weihnachten recht gut ergehen u. sei herzlich gegrüßt.

von Deinem Bruder Ernst.

Grüsse Gerwigs und Fam. Degen von mir u. ich lasse fröhliche Weihnachtsfeiertage wünschen. Dein Ernst.

Kommentar. Brief 12

Ein kurzer Brief, der wenige Tage nach der Geburt von Emmas und Ernsts erstem Sohn verfasst wurde. Karl-Ernst – aus den Worten spricht der stolze junge Vater – tue nichts als „trinken, schreien und schlafen". Ernst verbringt jede freie Minute nach der Arbeit bei seiner Frau im Krankenhaus. Da bleibt wenig Zeit zum Schreiben, trotzdem schickt er das Weihnachtsgeschenk, einen von Emma genähten Unterrock. Wie der erwähnte „Brief mit Kragen" aussah, war nicht mit Gewissheit zu ermitteln, vermutlich steckte Helenes Brief zusammen mit dem Unterrock in einem größeren Umschlag, der mit einer Art Knopf verschlossen wurde. Ein Onlinelexikon zur Philatelie verzeichnet folgende Definition zum „Kragenbrief": „Kurioses ‚Poststück' aus der Geschichte der Philatelie. Der Kragenbrief wurde bei einer Stammtischrunde geschrieben, mit einem Kragenknopf verschlossen, von der Post befördert und zugestellt." (*Kosel – Lexikon für Sammler*)

„Am Tauftag unseres Kindes (8. Feb.) in Schnee und Nebel auf die Straßenbahn wartend 100 m von unserem Hause." Emma mit Sohn Karl-Ernst (1931)

Karl-Ernst im Kinderwagen

Der zweite Sohn, Richard, wurde erst nach Abschluss des Briefwechsels, (1932) geboren. Das Bild zeigt ihn dreijährig (1935), offensichtlich in einer Verkleidung, denn auf der Rückseite steht: „Missionar Dr. Forman – Indien"

13.

„In Amerika sieht es gegenwärtig ganz miserabel aus."

11. Oktober 1931

Liebes Schwesterlein!

Schon lange wollte ich Dir mal schreiben. Vor einigen Wochen bekamen wir von Dir eine Karte aus Jestetten, Deinem neuen Wirkungsfeld. Mutter hat mir vor ein paar Wochen geschrieben, daß Du ziemlich viel arbeiten mußt. Das tut mir leid. Umsomehr als ich gegenwärtig Zeit hätte, Dir zu helfen. Seit 3 Wochen arbeite ich verkürzt, 3 Tage in der Woche. Mittwoch, Donnerstag und Samstag habe ich frei. Es bleibt mir gegenwärtig genug Zeit übrig um auf Deinen Neffen KarlErnst aufzupassen. Der ist übrigens ein famoses Kerlchen (wie sich Herr Schütter sen. immer ausdrückte). – Nun bin ich gestört worden. Es ist eine Pause eingetreten von Sonntag bis Mittwoch. Da ich heute frei habe, will ich an meinem Briefe weitermachen. Morgen muß ich wieder arbeiten, übermorgen, Freitag gehe ich nach New York, um Alma abzuholen. Emma u KarlErnst gehen auch mit in unserem Mercedes-Benz. Genau vor 4 Wochen war ich auch in New York mit dem Auto, um Herrn Schütter, sen., auf das Schiff zu befördern.

Es gab eine ziemlich große Einleitung bis ich zu dem eigentlichen Grund meines Briefes komme. Da in 10 Tagen Dein neunzehnter Geburtstag ist, möchte ich Dir doch von ganzem Herzen Glück dazu wünschen. Hoffentlich kannst Du diesen Tag gebührend feiern. Du wirst zwar arbeiten müssen, aber dazu sind wir armen Erdenbürger geboren. Ich wollte ich könnte manchmal einen Tag lang extra arbeiten und dabei etwas Mammon einheimsen. In Amerika sieht es gegenwärtig ganz miserabel aus. Robert u. F. Schütter arbeiten blos 2 Tage bei unserer Firma. Ich bin der Glücklichere von uns dreien. Da in unserer Abteilung die Kurzarbeit erst vor 3 Wochen angefangen hat, kann ich zehn Wochenlang noch stempeln gehen für die ausgefallene Arbeitszeit. Dies ist eine Privateinrichtung von unserer Firma. Heute will ich Dir ausser etwas „klanglosem" Gelde noch ein paar Bildchen beilegen. Vor 3 Wochen hatten wir Besuch aus Bloomington, State Illinois, von Ewald u Bruno Schlenker, dieselben hatten eine Autofahrt von ca 1600 km hinter sich. Sie sind dann über New York u. Niagara Fälle zurückgefahren. Bei uns waren sie von Freitag Abend bis Montag Morgen. Es sind dies Vettern von Emma od. genauer genommen von Hans u. Robert. Es hat ihnen sehr gut bei uns gefallen. Sie haben in 3 Wochen eine Strecke durchreist, welche von

Jestetten nach Königsberg u. wieder zurück reichen würde. Dabei haben sie noch manche Seitensprünge gemacht, von uns aus allein ca. 500 km. Nun habe ich aber manches gewußt. Es grüßt Dich nun mit den besten Wünschen Dein Treuer Bruder Ernst.

[Emma Beilharz fügt hinzu:]

Recht herzliche Geburtstagsgrüße möchte ich auch noch Ernsts Brief beifügen. Sei in herzlicher Liebe gegrüßt von Deiner Emma.

Familienausflug. „Mit dem ‚Essex' unterwegs" (vermutlich 12. Juli 1931)

Kommentar zu Brief 13

Der Briefkopf enthält das Monogramm EB, das wie selbst gezeichnet aussieht. Die Adresse „816, Edge Hill Road" ist oben eingedruckt. Auch dieser Umschlag hat ein Seidenfutter, sogar mit einem recht extravaganten Muster aus blaugrün-violett-silbernen Kreisen – man denke zurück an den zweiten Brief, in dem Ernst beklagt, in ganz Amerika seien keine gefütterten Umschläge zu finden. Vermutlich also eher ein Damenbriefpapier, das Monogramm EB könnte für Emma Beilharz stehen. Sind diese kleinen Dinge nicht Zeichen für einen bescheidenen sozialen Aufstieg? Doch zeitigt die Weltwirtschaftskrise ihre Wirkung, denn Ernst arbeitet nur noch an drei Tagen in der Woche.

Auch in diesem Brief spricht er von „unserem Mercedes Benz", vielleicht hatten sie ein Auto, dann aber wohl eher ein gebrauchtes und preisgünstiges amerikanisches Modell. Offensichtlich fährt Ernst hin und wieder gern nach New York, um andere Auswanderer zum Schiff zu bringen oder von dort abzuholen.

Nach der langen Einleitung folgt erneut die Moral, wobei die Formulierung „zum Arbeiten sind wir geboren" auch ein geschickter Übergang ist, um auf die eigene Situation aufmerksam zu machen. Er hat nicht mehr genug Arbeit. Die Lage ist miserabel und wir erfahren, dass es andere noch härter getroffen hat. Außerdem erzählt er von den Verwandten, Bruno und Ewald Schlenker, die zu Besuch waren. Die beiden sind weite Strecken gefahren. 1600 Kilometer allein von Bloomington nach Philadelphia. Um Helene die Entfernung zu verdeutlichen, erläutert er, das entspreche einer Reise von Jestetten nach Königsberg und zurück. Ein Hauch von Roadmovie.

14.

„Seit einigen Wochen arbeite ich nur noch 2 Tage.“

Ardsley-Glenside, den 11. Dezember 1931

Mein liebes Schwesterchen!

Es weihnachtet ganz; da wird es Zeit, dass wir auch an Dich denken. Wir haben zwar keinen Schnee wie Ihr vielleicht, doch spürt man trotzdem das Herannahen des Frostes. Damit Du siehst, daß wir Dich auch in Amerika nicht vergessen, schicken wir Dir hiermit ein paar seidene Strümpfe. Es ist zwar nicht viel, doch kommt es von Herzen. Ich habe Dir zu Deinem Geburtstage einen Brief mit 2 Dollars geschickt. Trotzdem wir noch keine Antwort darauf erhalten haben, hoffen wir doch, daß der Brief unversehrt angekommen ist. Verführt hat mich eine Bemerkung in einem der letzten Briefe von Mutter, worin sie schrieb, wir sollen Dir auch mal schreiben, da Du wahrscheinlich darauf warten würdest. Ich nehme an, daß Du noch keine Zeit gefunden hast zum schreiben, denn wie uns Mutter mitteilte, mußt Du von morgens 6^{h} bis nachts 11^{h} arbeiten. Ich will ehrlich sein u. Dir sagen, daß ich da auch keine Lust mehr hätte, um irgendwelche Korrespondenz zu führen. Da habe ich es viel besser. Seit einigen Wochen arbeite ich nur noch 2 Tage. Das ist das reinste Herrenleben. Im reichen Lande Amerika kann man sich das schon leisten, wenn man genug Geld hat. Leider fehlt uns das aber, sonst würden wir auf die 2 Tage Arbeit verzichten und Euch in Deutschland besuchen. Zum Unglück ist es bei den armen Leuten so, daß man kein Geld hat, wenn man Zeit hätte u. keine Zeit, wenn man Geld hat.

Liebe Helene, wie geht es Dir in Jestetten? Gefällt es Dir dort trotz der vielen Arbeit? Uns Dreien geht es sehr gut. Emma ist gesund, KarlErnst u. ich ebenfalls. Der Bua macht uns sehr viel Freude. Er ist immer voller Übermut u. zum spielen aufgelegt. Sein liebster Spielkamerad ist Robert. Er trainiert ihn oft im Laufen. Dein Neffe kann bei ihm auch einige Schritte machen, doch probiert er's bei andern nicht so. Robert schleppt ihn oft stundenlang rum. Dazu spielen sie Ball miteinander. Robert hat auch genügend Zeit um sich mit ihm abzugeben. Er sagt oft, so gerne hätte er noch kein Kind gehabt wie Karl Ernst. Er ist aber auch ein schöner Junge. Blond, blauäugig und am ganzen Körper wohlgeformt, muß ihm auch der Neid lassen, dass er ein schönes Kind ist. Du kannst das auch auf den Bildern sehen, die ich Dir in diesem Briefe beilege. Emma näht gegenwärtig fleissig für das Christkindle. Hoffentlich vergißt sie mich da-

bei nicht. Alma war vor 8 Tagen auch einige Tage bei uns. Sie war krank. Jetzt ist sie wieder kuriert. Sie hat eine neue Stellung seit sie von Deutschland zurück ist. Dort verdient sie noch 100 Dollars im Monate (vorher hatte sie 125 in der alten Stellung). Die Lampen, die Richard für Keck's Herrschaft gemacht hat, sind auch angekommen, sie sind großartig ausgefallen. Ich werde sie nächste Woche helfen montieren u. dabei auch ein paar Dollar nebenher verdienen.

Nun will ich schliessen. Ich wünsche, daß Dich die Kleinigkeit auch etwas freut u. hoffe, daß Du eine recht fröhliche u. angenehme Weihnacht verleben darfst. Mit den herzlichsten Wünschen grüßt Dich

Dein Bruder Ernst

[Emma Beilharz fügt hinzu:]

Meine liebe Helene!

Wir möchten so gerne einmal wieder etwas von Dir hören. Vielleicht hast Du über die Feiertage etwas Zeit. Oder darfst Du vielleicht heim? Gelt das wäre halt das Allerschönste und ich würde es Dir von Herzen gönnen. Wir gingen auch heim über Weihnachten, wenn wir könnten. Wir hoffen, dass Du diesen Brief noch bekommst vor Weihnachten und wünschen Dir ein recht frohes u. vergnügtes Weihnachtsfest. In herzl. Liebe grüßt Dich von uns Emma.

Ernst Beilharz auf „seiner" Dachterrasse (vermutl. 1928/29)

Ernst Beilharz mit Sohn Karl-Ernst (vermutl. 1931/32)

Kommentar zu Brief 14

Der letzte Brief der Sammlung. Es ist kurz vor Weihnachten und Ernst wählt poetische Worte, wenn er formuliert „es weihnachtet ganz" und vom Herannahen des Frostes spricht. Vermutlich wegen der wirtschaftlichen Lage fällt die Weihnachtsgabe klein aus, ist aber doch etwas Besonderes, der Inbegriff des bei jungen Frauen damals begehrten Geschenks aus Amerika, nämlich „seidene Strümpfe".

Helene hat die Arbeitsstelle gewechselt und lebt mittlerweile in Jestetten bei Schaffhausen, wo sie offensichtlich viel arbeiten muss, von 6.00 bis 23.00 Uhr, das ist ein langer Tag. Ernst hingegen hat nur noch für zwei Tage in der Woche Arbeit und nennt dies, wieder ironisch, „das reinste Herrenleben". Doch hinter seinem Humor verbirgt sich ein sorgenvoller Ton: „Im reichen Lande Amerika kann man sich das schon leisten, wenn man genug Geld hat. Leider fehlt uns das aber, [...]" Parallel erfahren wir noch etwas über die Arbeit der Kinder- und Hausmädchen in Amerika, deren Lage sich ebenfalls verschlechtert hat und so die Auswirkungen der Wirtschaftskrise abbildet. Alma verdient noch 100 Dollar im Monat, früher waren es 125. Ernsts Bruder Richard hat selbstgefertigte – vermutlich schmiedeeiserne – Lampen geschickt für die Herrschaft des Ehepaars Keck. Dass er erwähnt, dies sei ein Anlass, beim Anbringen etwas dazuzuverdienen, bestätigt die schwierige wirtschaftliche Situation.

Der Brief endet mit einem Gruß von Emma. Heimweh spricht daraus, wenn sie schreibt, dass zu Weihnachten heimzufahren „halt das Allerschönste" wäre. Aus wirtschaftlichen Gründen war das auch in den kommenden Jahren nicht möglich – bis die Familie 1936, auch in der Hoffnung, dass das Leben dort einfacher wäre, endgültig nach Deutschland zurückkehrte.

Ernst in der letzten Reihe, Mitte, ohne Kopfbedeckung (1928)

Von hier fuhr er los ... (Baiersbronn, vorne rechts der Bahnhof, 1909)

… und hier kam er an! (Manhattan 1931)

Literaturverzeichnis

Dante Alighieri: *Die Göttliche Komödie*. Deutsch von Richard Zoozmann. In: *Dantes Werke Italienisch-Deutsch*. Hrsg. von Erich Laaths. Berlin: Die Tempel-Klassiker [Druck:] 1968.

Deutsches Auswandererhaus Bremerhaven (Hrsg.): *Das Buch zum Museum der Aus- und Einwanderung*. [zgl. Ausst.kat.]. Red. von Simone Eick u. Julian Herbig. Bremerhaven Edition DAH 3. Aufl. 2017.

Fitzgerald, Francis Scott: *Bernices Bubikopf*. In ders.: *Der Rest von Glück. Erzählungen*. Aus d. Amerik. von Walter Schürenberg. Zürich: Diogenes 1980; S. 39–78. (Das Original erschien 1920 unter dem Titel *Bernices Bob Her Hair* zunächst im *Saturday Evening Standard*, dann in Fitzgeralds Erzählband *Flappers and Philosophers*.)

Kafka, Franz: *Amerika*. (Erstmals hrsg. von Max Brod, 1927). Suhrkamp 2018.

Klippel, Friederike: *Englischlernen im 18. und 19. Jahrhundert. Die Geschichte der Lehrbücher und Unterrichtsmethoden*. Münster: Nodus 1994.

Kosel – Lexikon für Sammler. Online-Lexikon für Philatelie: http://www.kosel.com/ [09.01.2020]

Krohn, Heinrich: *Und warum habt ihr denn Deutschland verlassen? 300 Jahre Auswanderung nach Amerika*. Bergisch Gladbach: Lübbe 1992.

Learned collection on German-language theater. Ms. Coll. 638. Finding aid prepared by Violet Lutz. University of Pennsylvania, Kislak Center for Special Collections, Rare Books and Manuscripts, 2007. http://dla.library.upenn.edu/dla/pacscl/ead.pdf?id=PACSCL_UPENN_RBML_MsColl638 [09.01.2020]

Passagierlisten der Ozeandampfer sind zugänglich über die Recherchestelle des Museums Deutsches Auswandererhaus Bremerhaven oder über die Webseite www.ancestry.com

Pérec, Georges / Bober, Robert: *Geschichten von Ellis Island oder wie man Amerikaner macht*. Aus dem Französischen übersetzt von Eugen Helmlé. Berlin: Wagenbach 1997. (Das Original erschien 1980 unter dem Titel *Récits d'Ellis Island. Histoires d'errance et d'espoir*.)

Schneider, Karl H.: „Amerikaauswanderung im 18. und 19. Jahrhundert: Verflechtung von Faktoren", in: *Migration und Weltgeschichte*. Hrsg. von Sabine Liebig. Schwalbach/Ts.: Wochenschau Verlag 2007; S. 37–57.

Familienberichte (chronologisch)

Beilharz, Ernst: *VERGANGENES UND GEGENWÄRTIGES aus Baiersbronn. Familienbericht für Kinder, Enkel, Geschwister und Verwandte von Ernst Beilharz, Sylvester 1980*. [Gebundene Kopie, ges. 54 Seiten. EB hatte diesen Bericht anlässlich seines 75. Geburtstages verschenkt.]

Beilharz, Richard / Beilharz, Ernst: *VERGANGENES UND GEGENWÄRTIGES aus Baiersbronn. Familienbericht für Kinder, Enkel, Geschwister, und Angehörige von ERNST und RICHARD BEILHARZ TEIL 1900–1990*. [Gebundene Kopie, ges. 90 Seiten. Baiersbronn 1992, nur der Anfang stammt von Ernst Beilharz, da er 1984 verstorben ist. Fertig gestellt wurde der Bericht von seinem Bruder Richard, der diesen dann anlässlich seines 85. Geburtstags an die Familie verschenkte.]

Beilharz, Lisa: *Historische Aufnahmen der Familie Beilharz*. [Fotobuch, Privatdruck, Baiersbronn 2013]

Beilharz, Manfred: *Ernst Beilharz – Mein Vater, der Auswanderer und Emigrant [...] Meine Mutter Emma, geb. Schweizer [...] Die Geschichte meiner Eltern, in Bruchstücken – nach deren Erzählungen und eigenen Erinnerungen, aufgeschrieben von Manfred Beilharz*. [Gebundene Kopie, ges. 24 Seiten. 2017/2018]

Bildnachweis

Baiersbronn, Gemeindearchiv	S. 8
Beilharz, Alexandra	S. 16, 29, 56, 57, 68/69, 75, 94
Beilharz, Karoline	S. 15
Freudenstadt, Stadtarchiv (Bestand Oberer Marktplatz)	S. 21
Hapag Lloyd	Titel, S. 11, 12, 53
Haus der Geschichte Baden-Württemberg	S. 88 (Gebrüder Metz)
Die Hoffotografen Berlin	S. 95
Kleensang, Friedrich	S. 63
F. Mattes Philadelphia	S. 87
Stahl Studio Philadelphia	S. 4, 26
Wikicommons	S. 10 (Michael Schlaps), 34, 89

Alle hier nicht explizit aufgeführten Fotografien und Schriftstücke sind dem Privatarchiv von Alexandra Beilharz entnommen. Dieser Bildnachweis wurde nach bestem Wissen erstellt. Sollten wider Erwarten die Rechte weiterer Institutionen oder Personen berührt sein, bitten wir, dieses Versehen zu entschuldigen und um Kontaktaufnahme.

Für die Inhalte von Links auf Webseiten Dritter übernehmen wir keine Haftung, da wir uns diese nicht zu eigen machen, sondern lediglich auf deren Stand zum Zeitpunkt der Erstveröffentlichung hinweisen.

Dank

Mein größter Dank gilt meinem Onkel, Dipl.-Ing. Karl-Ernst Beilharz, für die vielen interessanten Gespräche in Kronberg im Taunus, für seine Gastfreundschaft und dafür, dass er mir so großzügig Dokumente und Fotos überlassen hat.

Sehr herzlich danken möchte ich auch meiner Mutter Anna Beilharz (geb. Kraft) für Erinnerungen, Fotos und die Hilfe beim Entziffern der deutschen Schrift. Für ausgiebige Gespräche zum Thema, für ihre gründliche und kritische Lektüre des Manuskripts danke ich vor allem meiner Schwester Corinna Beilharz und meiner Tochter Johanna Kleensang, die mich auch auf Spurensuche 2018 in den USA und 2020 in Liestal begleitet hat, außerdem meinem Mann Dr. Michael Kleensang. Herzlich gedankt sei auch meinem Sohn Friedrich Kleensang für das Anfertigen der schönen Zeichnung.

Für Hinweise und Dokumente möchte ich mich ganz besonders bei Elfriede Moninger (Böblingen), der Tochter von Helene, und bei Rosemarie Schlenker (Philadelphia), der Tochter von Alma, sowie bei Lisa Beilharz (Baiersbronn) bedanken. Weiterhin bei Dr. Manfred Beilharz, Dr. Helmut Beilharz, Karoline Beilharz, Dr. Jörg Beilharz und Heike Meisl-Beilharz, Henrike Beilharz, Margot und Rudolf Kraft sowie bei Prof. Dr. Peter Brockmeier und Dr. Rüdiger Hillmer.

Für Recherchen und Dokumente danke ich Dorothee Kühnel (Gemeindearchiv Baiersbronn), Ruth Dörschel und Jens Hansche (Stadtarchiv Freudenstadt), Pierrette Bertsche (Staatliche Feintechnikschule Villingen-Schwenningen). Ich danke Michael Kohler für die Aufnahme dieses Buchs ins Verlagsprogramm und Jochen Baumgärtner für die grafische Gestaltung (verlag regionalkultur).

Wappen der Familie Beilharz
Historische Aufnahmen der Familie Beilharz
LIST OR MANIFEST OF ALIEN PASSENGERS FOR THE UNITED
Erinnerungen
„Dein Bruder Ernst aus Amerika"
Franz Kafk
Amerika
A HISTORY OF AMERICAN
Und waru
ihr denn Deuts

Die Autorin

Alexandra Beilharz, geb. in Tübingen, lebt in Heidelberg. Sie hat Romanistik an der Freien Universität Berlin und der Université Paris IV-Sorbonne studiert. Nach ihrer Dissertation über den Roman der französischen Décadence-Literatur war sie mehrere Jahre als wissenschaftliche Mitarbeiterin an der Humboldt-Universität zu Berlin tätig.

Seit 2004 arbeitet sie freiberuflich als Lektorin, Übersetzerin und Autorin. Ihre Schwerpunkte als Übersetzerin aus dem Französischen liegen in den Bereichen Dokumentarfilm und Sachbuch sowie Klassiker des 19. Jahrhunderts: Sie hat Kunstreiseführer und Reisedokumentationen übersetzt, außerdem Kinderbücher und den wagneristischen Roman *Götterdämmerung* von Elémir Bourges (Manesse Verlag). 2019 erschien ihre Übersetzung des Sachbuchs *Weisheit und wie wir sie finden* von Frédéric Lenoir und 2020 (zus. mit Anne Maya Schneider) des Romans *Monsieur Vénus* (1884) der französischen „Skandalautorin" Rachilde (beides im Reclam Verlag).

Alexandra Beilharz ist die Enkelin von Ernst Beilharz. Die Erzählungen ihres Großvaters über Amerika und eine gemeinsame Reise nach Philadelphia haben sie inspiriert, sich näher mit seiner Auswanderung zu beschäftigen.

„August 1959 – Abreise vom Flughafen Stuttgart nach USA. Zu einem 3 wöchigen Aufenthalt in Philadelphia" (Beschriftung Rückseite des Bildes durch Ernst Beilharz)